元自衛官が語る

災害派遣のリアル

武若雅哉

イカロス出版

静岡県熱海市で発生した土砂崩れでの行方不明者を捜索する陸上自衛隊の隊員。水分を多く含んだ泥は、捜索活動を困難なものにした

ヘリコプターによって救助される側の目線。下を見ると恐怖を感じてしまうため、隊員を信じて上を向いていたほうがいい

道路啓開作業で発生した大量の土砂を搬出する陸自の施設科部隊。地道な作業だが、これが被災地の復興を早める最善策だ

航空自衛隊のCH-47Jで運ばれてきた支援物資をトラックに乗せ換える陸自隊員

断水した地域で活躍するのが給水車。水トレーラ（手前）には約1tの飲料水を蓄えておくことができる

被災地に展開する野外入浴セット。被災者の体と心を温め、明日への活力を生み出す

毎日行われる浴場清掃。清潔な浴場で体を綺麗にすることは、公衆衛生の観点からも非常に重要だ

配食を支援する陸自隊員。品目は自治体によって決められているため、陸自にできるのは調理と配食に限られる

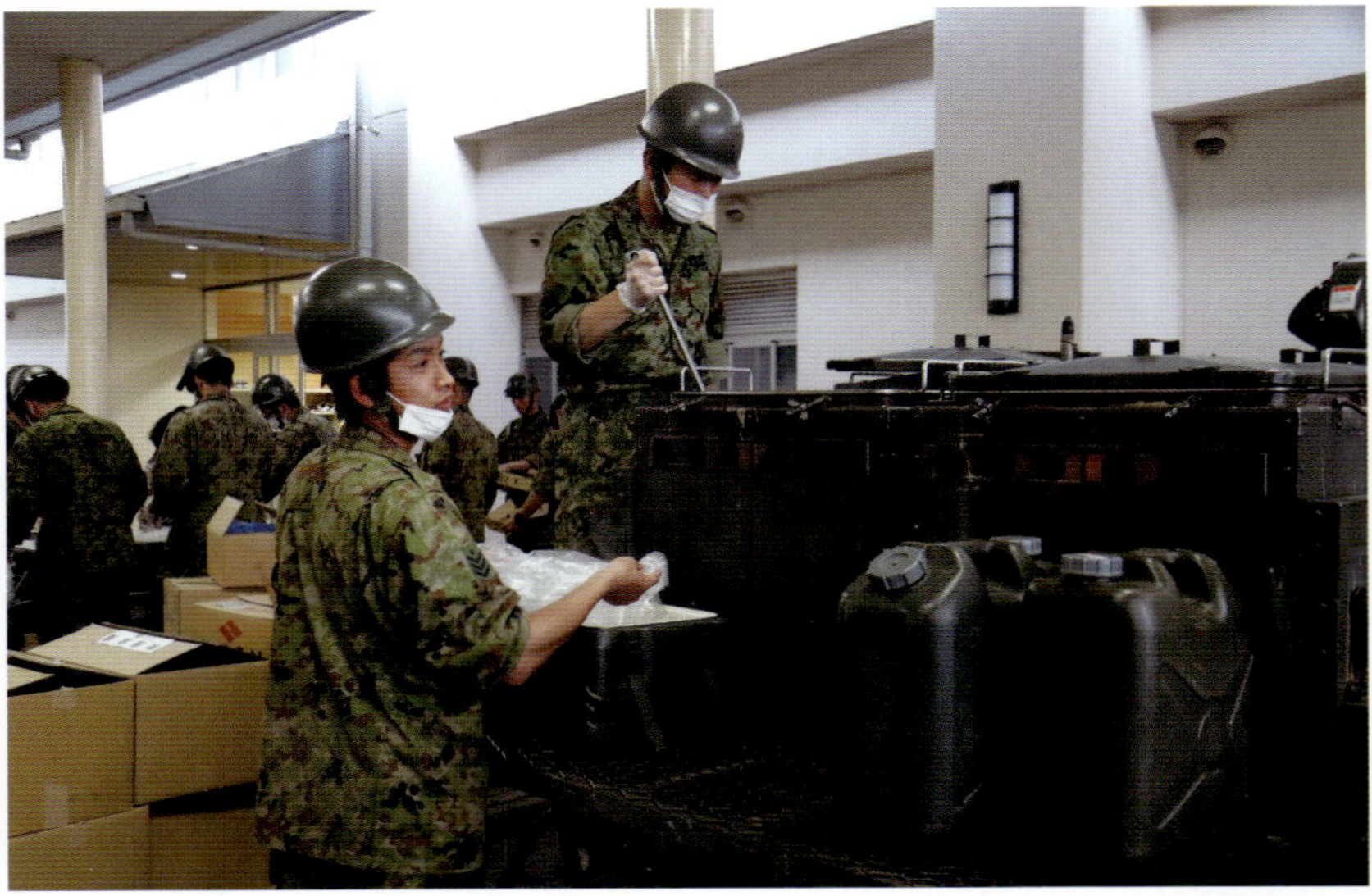

自治体によって定められた献立を調理する陸自隊員。普段の訓練でも作っている要領で、手際よく調理していく

避難所にエアコンを設置するための台をその場で作る米海軍兵と陸自隊員。即席だが、すぐに使うことができる

日本のものとは異なる形状のノコギリでガリガリと木を切る米海軍兵士。国の垣根を越え、和やかに作業は進んだ

避難所ごとに異なる置き場だが、細かい調整を行いピッタリとフィットさせる

米軍によって大量に運ばれた木材も、支援活動で使われた

避難所で子供たちと遊ぶ陸自隊員。こうしたなんでもないような支援が、被災者から求められているのだ

チャーター船「はくおう」内で音楽演奏をする陸自隊員。音楽は暗くなりがちな被災者の心を明るくする

元自衛官が語る　災害派遣のリアル　目次

カバー・本文写真　武若雅哉

カバー表＝日米合同で行われたエアコン設置作業が終了し、全員で揃って記念撮影をしてもらった。このメンバーとは、派遣終了まで一緒に作業し続けることとなる。写真右端が著者

カバー裏＝静岡県熱海市で発生した災害現場でウェアラブルカメラを使って被災地の様子を上級部隊に配信する隊員

〈写真・図版提供〉
気象庁（P.19、P.51、P.85、P.109、P.137、P.157、P.159）
国土交通省（P.20）
国土地理院（P.185）
仙台市（P.83、P.84、P.86）
地震調査研究推進本部事務局（P.82）
新潟地方気象台（P.17、P.18）
防衛省・陸上自衛隊（P.16、P.23、P.29、P.37、P.41、P.93、P.97、P.150、P.180）

各災害の概要は、関係省庁および自治体のWebサイトを参照しました。

第1章

中越地震

2004（平成16）年10月23日17時56分

中越地震・災害概要

２００４（平成16）年10月23日17時56分頃、新潟県中越地方を震源とするマグニチュード６・８の地震が発生。震源の深さは約13km、最大震度は川口町（現 長岡市）の震度７で、小千谷《おぢや》市、山古志村（現 長岡市）、小国町（現 長岡市）では震度６強を記録した。

その後も余震が続き、同日18時11分頃には最大震度６強、18時34分頃、19時45分にも震度６強の地震を観測している。最終的には、避難者約10万人、住宅損壊は一部損壊を含めると約12万棟、死者68名、負傷者約４８００名、被害総額は約１兆７０００億円という大災害となった。

また、新幹線や高速道路が不通となり、道が狭い山間部では土砂崩れなどが発生したため、インフラ打撃型の災害ともいえる。

強烈な揺れで完全に崩壊した道路

この地震を受け、新潟県上越市の高田駐屯地に所在する陸上自衛隊第2普通科連隊は10月23日18時10分に第3種非常勤務態勢へと移行し、災害派遣の準備に取り掛かった。

それに続いて、第2普通科連隊の上級部隊である群馬県榛東村《しんとう》に司令部を置く第12旅団が18時15分に、新潟県新発田《しばた》市に所在する第30普通科連隊が18時45分に第3種非常勤務態勢になっている。

新潟県知事による災害派遣要請は23日21時05分であったが、この要請に先立ち、第2普通科連隊と第12旅団は初動対処部隊として、偵察オートバイ（オフロードバイク）と航空機による情報収集活動を開始した。

また、情報収集活動開始時刻とほぼ同じタイミングで、新潟県庁、長岡市、十日町市、小千谷市、柏崎市、上越市に連絡幹部を派遣。それぞれの自治体が集めた情報の収集を開始している。

夜間の偵察であったため、日中と比較して収集できる情

耐震基準を満たしていない家屋は次々と被害にあっていった

報に限りがあった。しかし、火災や停電などの夜間でも受け取れる情報によって、1995（平成7）年に発生した阪神淡路大震災ほどの被害ではないが、範囲は広域にわたっていると判断された。

この結果を受け、第12旅団が全面的に指揮を執ることになった。

さらには、第2普通科連隊長自らが小千谷市役所に入るなど、夜明けから迅速な救助活動に入れるように準備が行われた。

この地震における自衛隊の活動実績は、全村避難となった山古志村の住民を含む約1000名の救助、約1000tの給水、約110万食の給食支援、約17万人分の入浴支援、1200張の天幕支援、約1900tの物資輸送支援などであった。

特に食事に関しては、質の高い食事を提供すべく、発災翌日から自衛隊側で備蓄していた非常用糧食の支給を開始

随所で発生した山体崩壊

中越地震 DATE

■発生状況（気象庁発表）

2004年10月23日

震源地　新潟県中越地方

震源の深さ　約13km

規模　マグニチュード6.8

最大震度　震度7

■被害状況

死者　68名

行方不明者　0名

重軽傷者　4805名

全壊家屋　3175棟

半壊家屋　1万3810棟

停電　最大約30万8000戸

断水　最大約13万戸

ガス停止　約5万7000戸

避難者　最大約10万3000名

■自衛隊の派遣規模（延べ数）

派遣人員　約12万5000名

車両　約3万8000両

航空機　約800機

中越地震の震度分布図

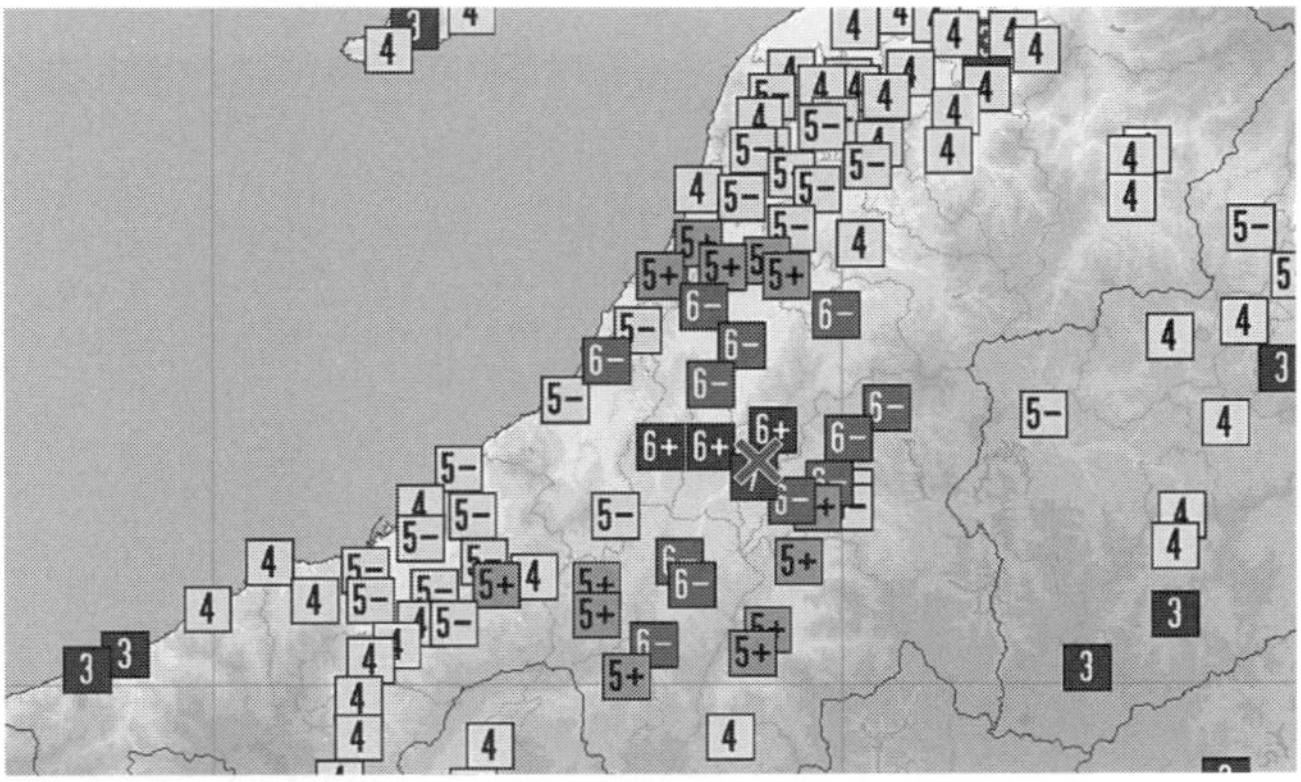

×印が震源。数字は震度、＋は強、－は弱を表す

し、発災2日後となる10月25日からは、野外炊具などを活用した温かい食事の提供を開始している。なお、最大で1日あたり約4万食を作っている。

自衛隊の活動

防衛庁（当時）は10月23日に災害対策室を設置。同日、新潟県知事からの災害派遣要請を受けて12月21日までの間、孤立者の救出活動、避難者の輸送、給水・給食・入浴・医療支援、避難者用天幕の設営・維持、流木・土砂の除去及び倒壊家屋の撤去等を実施した。

表層崩壊で発生した大量の土砂が道路を覆いつくす

災害派遣体験記

食事支援の意外な現実

パチスロ中に地震発生

この日は土曜日であった。朝から先輩に連れられて、駐屯地から車で15分ほど離れたパチスロ屋で遊んでいたときである。店内には自衛官とおぼしき数十名が席に座って黙々とメダルをマシーンに投入していく。

出玉の調子も悪い夕方頃、店内を大きく揺さぶる地震が発生。天井からつり下がる照明は大きく揺れ、固定してある椅子やパチスロ台からは、普段は聞くことができない軋み音が鳴り響いた。とはいえ、客のほとんどが自衛官であったため、叫び声をあげたり、慌てたりする者は皆無であった。店員も特に慌てることなく、揺れが収まると淡々と業務へと戻っていった。

陸上自衛隊の部隊には、それぞれ防衛警備・災害派遣の担当地域がある。

新潟県上越市に所在している第5施設群は上越市内が担当。第2普通科連隊は上越市を除く他の地域が担当であった。そのため、地震が収まると、パチスロ屋の入口にある壁掛け式のテレビの前に多くの自衛官が集まった。みな、ニュース速報で震度を確認したかったのだ。

自衛隊による地震災害派遣は、その震度の大きさで出動するのか否かが変わる。

たとえば、担当地域での震度が5強を超えれば、直ちに駐屯地へと戻る必要があるのだ。

テレビの地震速報を食い入るように見つめる自衛官たち。彼らが知りたいのは、震源地とその震度だ。

「震源地は新潟県中越地方、地震の規模を示すマグニチュードは6・8、最大震度は7……」という言葉が出た瞬間、ほとんどの隊員が店を後にした。出玉がある隊員も、すべての権利を放棄して、部隊へと戻っていったのだ。

かくいう私はというと、担当エリアとなる上越市が震度5弱だったため、すぐに帰る必要はないと先輩たちと話し合い、パチスロを続行することにした。

当時、スマートフォンはなかったが、短文だけ送れるガラケーやPHSは一般的であった。そのため「何かあったらすぐに連絡が来るであろう」と、楽観的な考えを持っていたのである。

当時、21歳の1等陸士だった私は、この程度の考え方であった。なんにせよ、自衛官になって初めての大地震である。もし一人で行動していたら部隊に帰っていただろうが、今は信頼する（言い訳ができる）先輩と一緒である。たとえ何か言われたとしても、先輩と一緒なのだから問題ないと考えて

全村避難となった山古志村の村民は陸自のヘリで運ばれていった

いたのだ。

十数分前までガヤガヤしていた店内は、数名の客だけが残りパチスロをプレイしているだけであった。相変わらずユーロビートのBGMが流れてはいるものの、プレイヤーが少ないため、店内は非常に静かだった。

地震発生から30分ほどが経過しただろうか。していなかったかもしれない。ポケットに入れていた携帯電話が鳴り出した。画面には見覚えのある番号と、連絡網通りの順番となる一つ上の先輩の名前が表示されていた。

静かな場所に移動し電話に出ると、定型文に沿った内容で先ほどの地震のことが伝えられた。要件のみを伝えた電話の先輩は「次にも伝えてね。よろしく」と電話を切った。

私の次は同期の1士、Aだ。すぐに電話して決められた手順で地震のことを伝えると「ところで、お前どこにいるん？　早く帰ってこいよ」と言われ電話を切られた。

たしかに帰る必要があるだろう。店内にある大型テレビでは、地震速報が流れ続けている。まだ現場に中継は行っていないのだろう。スタジオで淡々と震度速報だけを放送している。

地震発生は午後6時前。10月後半の空はすでに暗くなっていた。

どうせ、このままメダルを投入していても、当たらないだろう。

先輩は「この地震の電磁波で機械が誤作動を起こして大当たりするかもしれないぞ」などと、オカルトめいたことを言っている。私はため息をついて、メダルをドンドン投入する先輩に声をかけた。

「先輩、もう行きましょう。隣の連隊さんたちはもう全員帰りました。残っているのは俺たちだけです。震度も大きいし、電磁波で機械がどうこうなんてないですよ」

それを聞いた先輩が「そうだな。誰もいないし、帰ろう」といって軽くなった財布をポケットにしまうと、店の外へと向かった。

店員さんの「ありがとうございましたー！」という声が静かになった店内に響いていた。

外に出ると、特に変わった様子はない。普段とまったく同じ光景なのだが、駐車場に車は少なく、緊急走行するパトカーのサイレンが聞こえた。

「しばらくスロットはお預けだな。乗れよ。行くぞ」と言い、先輩は買って間もないセダンに乗り込んでエンジンをスタートさせた。

駐屯地での情報収集活動　出発する隣の部隊を見送る

駐屯地に到着すると、せわしなく動いている隊員と、そうでもない隊員がいた。その温度差が激しく、若輩者だった私はとまどって不審人物かのような挙動になった。

慌てて準備しようにも、何を準備したら良いのかわからない。とりあえず長期活動になりそうなので栄養補助食品や着替えなどをバッグに詰め込むが、これで準備が整ったといえるのかもわからない。一人で黙々と準備をしていると、余震が駐屯地を襲った。テレビでは緊急特番が組まれ、最新の震度情報や被災地からの中継を繰り返し放送している。

そこでふと我に返った私は、どこかに行っていた同室の先輩に「今、どうなっているのか」「何をすればいいのか」を聞いてみた。すると、

「まだ何もしなくて良いよ。ウチらが出る場所じゃない」

衝撃的な一言だった。まだ何も知らない私は、大地震が発生したらすぐに出動すると思い込んでいたからだ。

実は大災害が発生したとき、自衛隊の部隊はあらかじめ定められている受け持ち区域でのみの活動を基本としている。

今回の震源地は中越地方。私が所属していた部隊の担当区域は上越市内と非常に狭い範囲であった。このときの上越市内の最大震度は5弱。これは初動対処部隊（現 ファスト・フォース）が出動し、被災地の偵察を行う基準になる震度だが、主力は動かず情報収集を進めるだけであった。

その間、同一駐屯地に所属する第2普通科連隊は着々と準備を進め、駐屯地内に車両の配列も完了していた。あとは出発の指示を待つだけである。

では、なぜこうも部隊によって温度差があるのか。

その理由は、実戦にも通ずるものである。

たとえば、どこかの地域で戦闘が発生した場合、すべての部隊が同じ現場に集中してしまっては逆に身動きが取りづらくなるのだ。

また、戦力を集中したことによって、防衛の空白地域を作ってしまうこともある。

災害現場であっても同じだ。震源地付近の被害が大きいからといって、近傍駐屯地に所属するすべての部隊を派遣した場合、ほかの場所で災害が発生した場合に対処できなくなる。

つまり、部隊ごとに担当区域を決めておき、基本的には自分たちの場所は自分たちで守るというスタンスは、非常に合理的なのである。

特に土地勘がある地元部隊であれば、なおさら無暗に動き回るワケにはいかない。

こうした直接的な災害現場の話だけではなく、遠方から支援に来てくれた部隊の受け入れも地元部隊の役割である。

支援部隊に対する糧食や宿泊、燃料給油などのいわばインフラ支援も、地元部隊の重要な役割なのだ。

こうしたときに活躍するのが駐屯地業務隊であるが、いかんせん人員に制限がある。そこで、まだ出発しない隊員を支援要員として業務隊に差し出すことで、遠方から来てくれた支援部隊に対するサポートを手厚くすることができる。

入隊から1年も経過していない新米隊員であった私にとって、初の災害派遣従事は駐屯地内で支援部隊の受け入れ準備であった。

いざ出動！しかし、いったいどこに？

隣の部隊が続々と駐屯地を後に被災地へ向かうなか、淡々と支援部隊の受け入れを手伝っていると「明日出発する」との連絡を受けた。

連日のニュース映像でしか情報を収集することができず、悶々としていたのだが、ついに出発の合図を受け取ったのだ。

しかし、発災から数日が経過しているため、迅速さが求められる人命救助活動は山を越えていた。

そして、主な人命救助活動は普通科連隊が担当していたため、施設科部隊は重機を使用した道路啓開や給水支援に向かっていたのだ。

そこで、自分が何をやるのかと先輩に聞いてみたところ「給食支援」という言葉が返ってきた。給食支援とは、避難所に滞在する被災者のための炊き出しで、1日3食の食事を準備し提供することだ。

支援内容はどうであれ、初めての災害派遣に不謹慎ながらワクワクする気持ちが溢れてきたのも事実だ。

しかし、いったいどこに行くのだろうか。一人暮らしの経験があるため自分用の食事を作ったことはあるが、学校給食のような大人数の食事を作ったことはない。

炊事車の扱いにも不慣れだ。そんな自分が行って役に立つのだろうか。高揚感とともに一抹の不安もあった。

そうこうしているうちに、倉庫に集まるように指示があった。明治時代か大正時代からあるといわれている古い倉庫に集まると、活動期間中に必要な物資の準備が始まった。

炊事車を覆う屋根型天幕、自分たちが寝泊りする業務用天幕、宿営用天幕もあるが、業務用天幕のほうが広くて使いやすい。数週間の活動を行うのであれば、天井の高い業務用天幕のほうが疲れも取れる。

水害現場では偵察用ボートなどが活躍する

そして季節柄、夜は冷え込むことが予想されたのでストーブも持っていく。このダルマストーブは非常に暖かい。火力を最大にすると暑いくらいだ。

その他、必要な器材を準備して大型トラックに積み込むと、トラックはいったん指定されている駐車場へと戻っていった。

この日はこれ以上の作業はないため、駐屯地の売店に行って必要だと思うモノを買い込んだ。なにせ、市街地に行くものの、現地にあるコンビニやスーパーなどで買い出しを行うことはできない。なぜならば、被災地の商店にあるモノは、被災者のためのモノで、我々自衛官のモノではないと聞かされていたからだ。

右ポケットに財布があるのを確認してから売店へと足を進めると、山積みになった大量のカップラーメンが置いてあった。数日前にはなかったのだが、災害派遣に行くということで多くの隊員が買い求めたのであろう。その在庫がなくなる勢いから、大量に仕入れたのだと思われる。

このほかにも大量の食品が陳列され、間に合わない商品は箱のまま置かれていた。そしてその箱ごと買っていく隊員もいた。

なるほど。長期派遣になるとこういうモノが必要になるのか。と、勉強になったほどである。

個人的にはウェットティッシュの需要が高いのだと感じた。そう、被災者向けの入浴支援は行うが、被災地で活動する自衛官向けの入浴施設はほぼないのだ。そのため、その日の作業が終わったらウェットティッシュで体を拭くのである。

衛生環境を良好に保つため、体を清潔にするのも自衛官の役割だが、寒空のなかで冷えたウェットティッシュで体を拭くだけと考えたとき、覚悟を決めた自分がいた。

到着したのは大きな運動公園
何もないここで何をするのか？

売店で喫緊の補給品を買い込んだ私は、部屋に戻って荷造りを始めた。当面の着替えと買ったばかりの補給品を並べて順番に箱へ詰め込んでいく。

ライトの電池も必要だろう。タオルも多めが良いとアレもコレもとモノを増やしていったら、あっという間に箱が一杯になってしまった。

足りないよりは良いだろう。どうせ背負っていくワケではなく、トラックに積むのだ。なかには使わないモノもあるだろう。忘れているモノもあるだろう。しかし、今はそれがわからない。だから持っていく。周りも同じくらいの荷物量だ。問題はない。

出発の時間となり、トラックの前に整列すると、各中隊から選抜された混成部隊での派遣であることを知った。

普段話す機会がない先輩方との交流の場であると思いつつも、緊張して余裕がない。そうこうしているうちに前進命令の下達が終わってしまった。しまった！　どこに行くのかわからない。

そんな私の気持ちなんてつゆ知らず。トラックに乗り込むように指示され、いそいそとトラック後部にある梯子を登っていく。

移動中に寒くないようにと、事前に毛布を準備してもらっていた。薄すぎず厚すぎない微妙な厚みの重い毛布にくるまり、後ろの幌を下げてイザ出発！　入隊から1年も経過していないが、揺れる大型トラックの後部で寝るのにも慣れてきた。というより、いつでもどこでも眠れる。そうでないと、着いたときに活動できない。

移動時間は2時間ほどと聞いていたので、走行中に荷台からモノを落とさないようにして目を閉じた。

しばらくするとトラックが駐車位置に到着したようだった。不思議なもので、揺れる車内で目覚めることはないが、トラックがサイドブレーキを引いたり、バックしたりすると自然と目が覚めるようになった。

信号で止まっても一切起きないのに……。もしこの現象に名前があるのであれば、ぜひ知りたいところだ。

肝心の着いた先は新潟スタジアム（現 デンカビックスワンスタジアム）の駐車場であった。広大な敷地に多数の自衛隊車両が並び、炊事車を使って調理したりしている。まさに圧巻という光景だったが、どうやらここで物資の引き継ぎがあるらしい。とりあえず荷物の積載を手伝い、すぐにトラックの荷台へと戻っていた。次は公園に行くらしい。

記憶が曖昧なのだが、この日の目的地は「国営越後丘陵公園」だったと思う。ここに給食支援のための本部があったのだろうか。ハッキリとした記憶がないが、この地形だけは覚えている。

夕暮れ前に宿泊の準備を始める。アスファルトに天幕の杭は刺さらないので、使わない水缶などで天幕を固定する。折り畳みベッドを広げ、寝袋を取り出すと、ようやく一息つけた感じだ。

天幕の中で3名の先輩と一緒に過ごす。私も含めると4名だ。演習などであればこのまま缶ビールをカシュッと開けるのだろうが、今回は災害派遣である。そもそも誰も酒なんて持ってきていない。

大型トラックなどで牽引可能な陸自の野外炊具1号。通称、炊事車。コンロ、鍋、発電機、スライサーなどを集約したような車両で、どこでも煮炊きができる。揚げ物は釜を洗うのが大変なため、煮物を作る機会が多い

翌日から始まる給食支援のため、早々に寝付くことにした。

部隊で決めた消灯時間も21時か22時頃だったと思う。眠れないだろうと思いつつも、照明となる電球を切り、モゾモゾと寝袋の中に潜り込んでいった。

気がつかぬうちに寝てしまったようだ。シートと地面が激しく擦れる音で目が覚めた。何時頃からかはわからないが、風が強くなっていたのだ。天幕が飛ばされるのではないかと思うような強風で、固定していない側幕が大きく揺れている。

しかし、みないびきをかいて寝ている。起きたのは私だけらしい。腕時計を見ると午前2時だった。バッサバッサと音を立てる側幕の騒音と、いつか天幕が飛ぶのではないだろ

うかという不安はあったものの、豪快に寝ている先輩たちを見習おうと再び眠りについた。そして気絶するように寝てしまったのだった。

中学校での給食支援 たくさん作るも、あまる昼食

朝になり目が覚めると、天幕は無事だった。若干荷物が飛ばされた痕跡はあるが、何事もなかったかのように朝を迎えたのだ。

朝礼を行い天幕を撤収すると、目的地である中学校へと向かうことになった。正直、どこに行って何をするのかなんてわからないままであった。なぜなら、入隊間もない新隊員は、まずは自分のこと、そして部隊のしつけ事項、さらには本来の任務に必要な知識を身に着ける期間で、災害派遣でどう動くかなんていうことは何も教わらないのだ。

決まったことだけを伝えられるため、どういったプロセスで物事が決まるのかも知らない。ただ、言われたことを淡々とこなすだけだ。

目的地の中学校に到着しトラックから降りると、いたって普通の光景が広がっていた。

本当にここが被災地なのだろうか。そう思うほどであった。しかし、よく見ると道路が波打ってい

たり、斜めになっている電柱があったりした。そして避難所になっている体育館の中を覗くと、多くの被災者が……。と思いきや、あまりいない。

それもそのはず。すでに発災から数日が経過しているため、昼間は仕事や片づけに出ている人が多いのだ。残っているのはわずかなお年寄りと子供たちであった。

子供たちはいつも無邪気なものである。校庭を広く使って遊んだり、避難所の片隅でワイワイとカードゲームをやっている。

とはいえ、これは昼間の姿で、夜になると地震の恐怖を思い出して泣いてしまう子供もいるそうだ。これは派遣中に子供たちから直接聞いた話である。やることがなく、調理で使ったゴミなどを片づけていると、子供たちから声をかけられることがあるのだ。

そこで優しい笑顔で対応してあげると、次から「この人は優しい」と認識してくれるのか、狙い撃ち状態で話しかけてきてくれる。

それはそれでありがたいのだが、こちらにも仕事がある。可能な限り対応するのだが、どうしても手が離せないときもある。そのときは本当に申し訳ない気持ちになった。

話を戻そう。中学校には着いたものの、すぐに調理が始まるワケではなかった。まずは調理できる環境を整える必要があったからだ。

食事を提供する被災者の方たちが遠くまで歩く必要がないように、避難所である体育館の出入口のすぐ横に炊事車を設置する。

配膳台なども持っていったが、配食はボランティアの方々と協同でやることになった。自衛隊側は主に調理だけを担当するということになったらしい。

そうこうしているうちに、自治体の担当者が避難所に訪れた。どうやら今夜からの食材を持ってきたらしい。

そう、自衛隊は調理こそすれど、食材は被災自治体が準備するのである。前もって受け取ってきた食材もあるが、これも県が調達したものだそうだ。

献立も自治体が決めるので、自衛隊としては受け取った食材を使って決められた献立通りの食事を作る。これを1日3回、派遣期間中は休むことなく繰り返すのだ。

そのため、給食支援班もシフトを組むことになった。大きく分けると「仕込み」と「調理」である。

仕込み担当は次に使う食材の仕込みを行う。夕食で提供する食材を昼のうちに準備するのだ。翌日の朝食分は夕食後に準備することになる。

調理担当は仕込みが終わった食材を受け取り、調理に専念する。

場合によっては、自分たちが仕込んだ食材を調理するシフトの場合もある。たとえば、昼に仕込みをしたら、それを使って夕食を作るといった具合だ。

この避難所に何名の被災者がいるのか、正確な数は知らないが、食数は約250食であったと記憶

避難所によっては、ボランティアの方がまとめて食事を受け取ったりもする

している。

しかし、前述した通り昼間は50名ほどしか残っていないため、大量の食事が余ることになる。となると、当然被災者の方やボランティアの方から「自衛隊さんも食べて！　捨てるなんてもったいないよ！　食べて！」とお誘いを受けるのであるが、基本的に災害派遣に出ている自衛官の食事は国から支給される。こうした場合は非常用糧食や戦闘糧食、つまりレトルトになる。

豪華ではないものの、生鮮食品を使った被災者向けの温かい食事は魅力的に映る。しかし、被災者向けの食事は自治体の予算で調達しているため、特別職国家公務員である自衛官が食べるワケにはいかないのだ。

仕方なく余った食事は廃棄してしまうのだが、そのときに見た被災者の方の寂しそうな眼差しは今でも忘れることができない。

モノを粗末に扱っている気がしてならず、それは炊事班長も同じ気持ちだったのだろう。

本当はダメなのだが、国から支給されたレトルト食品を食べ終わったあとに、残った昼食をいただいた。被災者の方やボランティアの方が喜んで器によそってくれるのである。余った米は塩おにぎりにして渡してくれた。

まだ21歳だった私は食い意地だけは誰にも負けない自信があったので、間食として持ち込んだカップラーメンと一緒に塩おにぎりをいただいた。

被災者の方を元気づけるために来たのに、自分たちが元気づけられているようであった。そして、それを食べる私を見てニコニコしているお婆さんの顔は、とても幸せそうだった。

なお、朝食と夕食は、ほとんど余らなかった。それは仕事や片づけに出ている被災者が戻ってきているためだ。

本来なら自宅で寝泊りしたいだろうが、倒壊の恐れがあるため安心して寝ていられないのだ。なかには自家用車内で寝泊りしている被災者もいた。まだ「エコノミークラス症候群」という言葉が一般化する前であったと記憶している。

少なくとも、私が活動している期間中にエコノミークラス症候群で搬送されるといったことはなかった。

バタバタと動いて気がつけば撤収 あっという間の初災害派遣

活動期間もまもなく終わりを迎える。翌日からの交替要員も到着し、最後の夕食を作ったら引き継いで翌朝にはここを離れる。

駐屯地から前進してくるときは炊事車や水トレーラを牽引してきたが、帰りは自分たちの荷物だけをまとめるだけ。すぐに支度を整えると不要な荷物はトラックに積み込み、寝袋と折り畳みベッド、そして洗面用品だけを残して最後の夜を過ごした。

翌朝、朝食の準備はすでに引き継ぎの炊事班が担当しているため、少し遅い、といっても6時に起きた。

朝食の提供時間は7時頃だったと記憶しているため、朝食を作るときには4時には起きて準備をしていたのだ。それを考えれば2時間も多く眠れたことになる。

交替要員のなかには同期もいたため、仲良くなった子供たちを紹介しようと思ったが、最近、部分的に学校が再開されたらしく、子供たちの姿はなかった。

おおよそ2週間ほど活動したが、思い起こせばあっという間の出来事であった。

なにせ、初めての災害派遣で気が張っていたのであろう。被災者の方との温かい交流も忘れられない出来事となった。

最初に給食支援に来た部隊として、被災者の方からはえらく歓迎された。そして、我々が駐屯地に戻るということで、避難所の方々が集まっての小さな見送りをしてくれた。なかには涙を流すお婆さんの姿もあり、こちらももらい泣きしそうだった。

幼稚園生くらいの子供たちが、おりがみのメダルを作ってくれて、我々にプレゼントしてくれた。クレヨンで「ありがとう」と書いてある。ダメだ。これには弱い。笑顔で受け取りつつも、視界は不鮮明だった。

交替要員がいるので気にする必要もないのだが、いざその場を離れようとすると、どうも後ろ髪を引かれる思いである。

そう思っていると、同じ炊事班として活動した隣の中隊の曹長が「この支援現場はとても良かった」と声をかけてきた。

彼は日航123便、阪神淡路大震災の災害派遣にも参加したことがある大先輩で、翌年には定年退官を迎える。

私が当時の災害派遣との違いを聞くと「あのときは誰もが悲しんでいた。どこに行っても全員の表情が暗かった。でもここは違う。123便は航空機事故だから別物だが、阪神淡路大震災のときは自衛隊の活動にも限界があったし、なんなら『自衛隊さん、なにしに来たんや?』と言われたこともあ

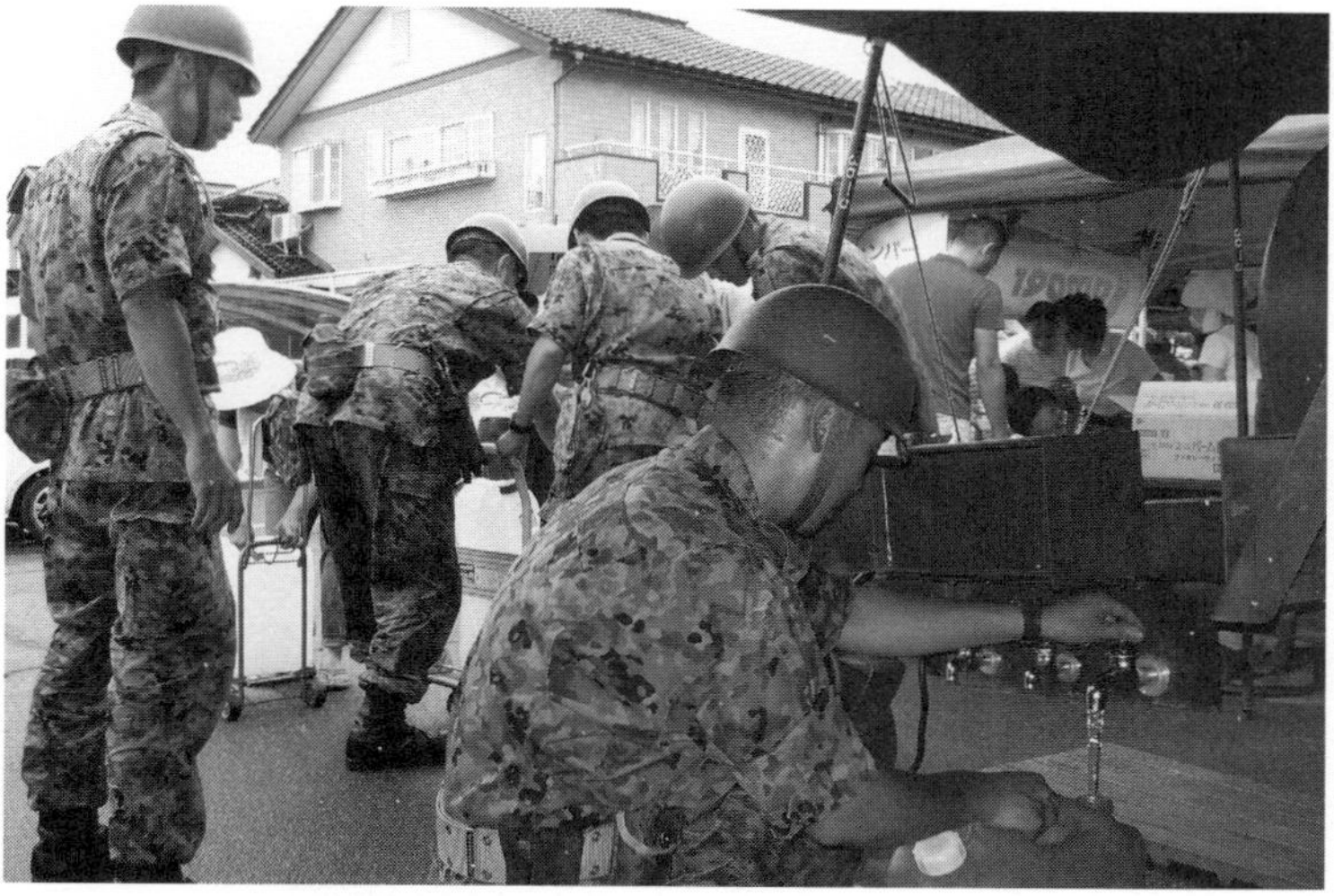

生活に不可欠な飲料水の提供も自衛隊の役目の一つ

った。最後には『自衛隊さん、ありがとう』と言ってもらえたが、なかには最後まで自衛隊の活動が鼻につく人もいた」

こういう話を聞くと、自衛隊に対する世間の感情というのが大きく変わっているのだろうと身をもって感じ取ることができた。

少なくとも、私の周りで自衛隊の活動に茶々を入れる人はいなかった。反対派の活動もなかった。もちろん、私が見た世界は、被災地のごく一部の非常に小さな世界である。

他方、これが人生初の災害派遣となった私には、これがすべてだと目に映ったのである。

コラム ①

災害派遣とは何か　その仕組みとは

自然災害が多い日本において、大規模な災害が発生した場合やその恐れがある場合、自衛隊は自衛隊法第83条の規定によって部隊を出動させる。これが自衛隊による災害派遣だ。

発災直後においては、被害状況が不明確である場合が多い。そのため、自衛隊はいかなる被害や活動でも対応できるように準備している。特に人命救助活動は最優先で行われ、そのあとに行われる生活支援などは、被災した自治体などと役割分担や対応方針、そして活動期間などが協議される。また、地元企業などの活用なども調整されるため、すべての支援を自衛隊だけで行うワケではない。

自衛隊による災害派遣の形態はいくつかある。まずは「要請に基づく派遣」だ。これは、自衛隊に対する災害派遣を要請する権限を持つ、都道府県知事やその他の政令で定める者による要請によって行われる派遣である。災害が発生し、人命や財産を保護するために必要があると認められる場合に、自衛隊の部隊の派遣を防衛大臣や、大臣が指定した者に対して要請することで効力を発揮する。

もう一つが「近傍派遣」。これは自衛隊の施設などの近傍で火災などが発生した場合、自衛隊施設への延焼を防ぐ目的で部隊を派遣することである。

そして最後が「自主派遣」と呼ばれるもので、「要請を待つ暇がない場合の災害派遣」といえる。突発的に発生する地震や、予想以上の降水

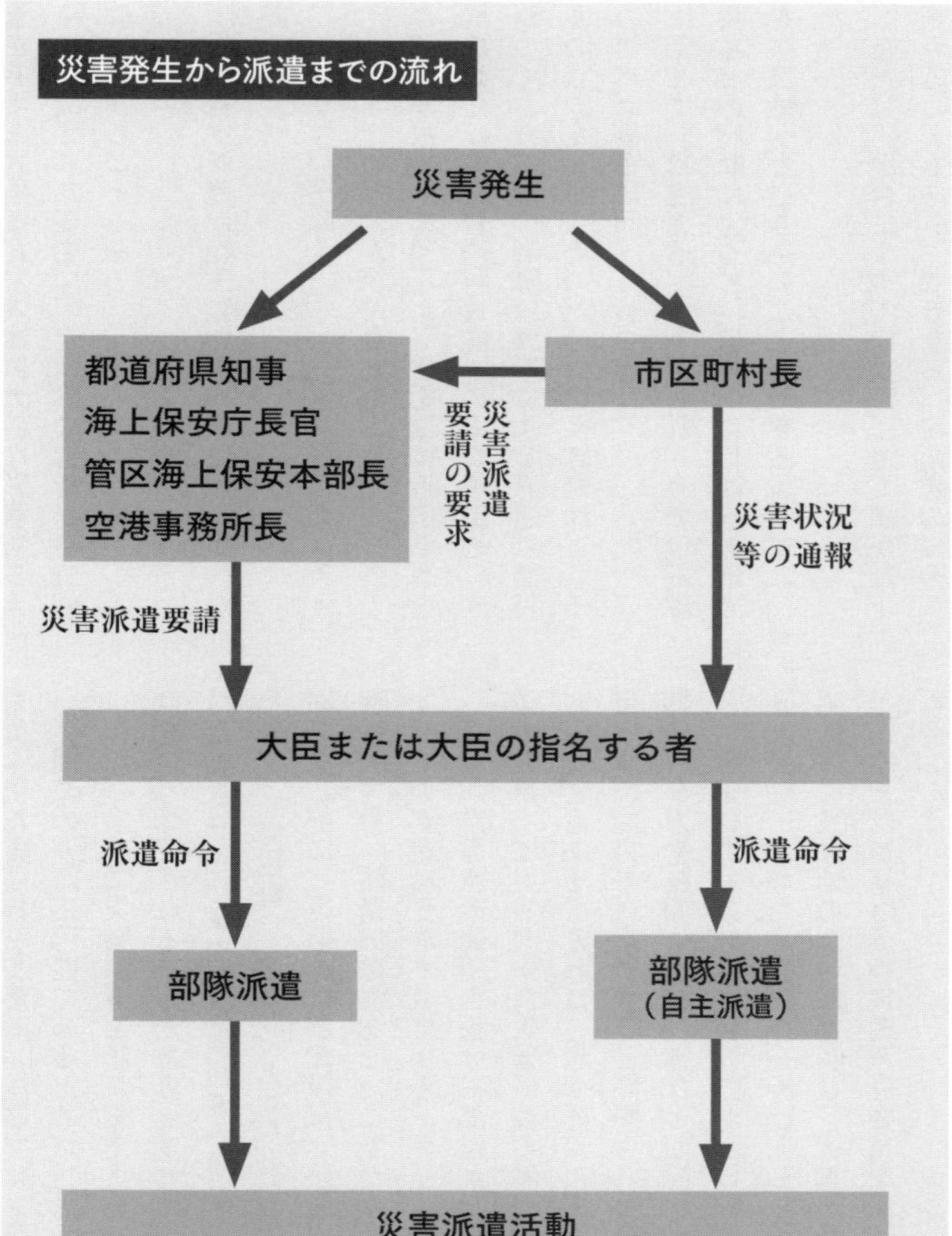
災害発生から派遣までの流れ
災害発生
都道府県知事
海上保安庁長官
管区海上保安本部長
空港事務所長
市区町村長
災害派遣要請の要求
災害状況等の通報
災害派遣要請
大臣または大臣の指名する者
派遣命令
派遣命令
部隊派遣
部隊派遣（自主派遣）
災害派遣活動

量があった大雨など、人命に大きな影響を与えると判断された場合に、自衛隊の部隊が自主的に出動することである。

この自主派遣が誕生したきっかけは、阪神淡路大震災である。

1995（平成7）年1月17日にマグニチュード7・3の揺れが淡路島北部を襲った。多くの住民が被害にあったが、自衛隊は近傍派遣を選択した「第36普通科連隊」のみが被災地に向かっており、他の部隊は知事による派遣要請待ちの状態だった。そのため、自衛隊全体としての対応は後手に回ってしまった。

そこで「自主派遣」が制定され、今では部隊長などの判断によって、速やかに自衛隊の部隊を被災地へと送り込むことができるようになった。

ただし、場合によっては災害派遣要請が却下されることもある。なぜなら、自衛隊の災害派遣は「主たる任務」である「国防」に影響のない範囲でのみ対応可能であるためだ。

ただ、過去に災害派遣要請が却下されたことはない。却下されることがあるとすれば、それは自衛隊が「防衛出動待機命令」を受けていたり、「防衛出動」しているときなどであろう。

幸いなことに、自衛隊は創設以来「防衛出動待機命令」や「防衛出動」をしたことがないため、すべての要請は受理されている。

なお、災害派遣要請を受け、部隊が出動する準備を行っている最中に災害派遣要請が撤回されることもある。それは、自衛隊が出ずとも、自治体の能力で対応できると判断された場合だ。特に、夕方や夜間に地震災害などが発生した場合、自衛隊の主力部隊は明け方から行動することが多い。念のため災害派遣要請をしたものの、明け方に被災地の全容が判明し、被害が軽度だったときは自衛隊への災害派遣要請を撤回する場合もある。

コラム ② 災害派遣に必要な3つの要素

大規模な災害が発生した場合において、いかなる条件でも自衛隊を呼べるというのは大きな間違いである。自衛隊の派遣を要請することができるのは、「公共性」、「緊急性」、「非代替性」の３つの要素が満たされた場合のみとなる。

「公共性」とは、地域にとって有益となると判断されることだ。そのため、個人の都合やごく狭い範囲での火事などでは要請できない。そもそも個人単位であれば警察や消防などの出番となる。

「緊急性」とは、まさに人命や財産に切迫した危機的状況が迫っている状況を指す。具体的にいえば、すでに地震による土砂崩れや津波によって人が巻き込まれている場合や、台風などによる大規模な家屋の倒壊、主要交通網の遮断などになる。

最後の「非代替性」とは、警察や消防など地元自治体が持っている能力では対応できないと判断された場合に適合する条件である。たとえば、離島からの急患輸送などでは、警察や消防が所有するヘリコプターでは航続距離が足りない場合がある。そのときには自衛隊のヘリコプターなどを使用する必要があるため、自衛隊に対する災害派遣要請がある。また、道路の啓開作業などは地元の建設会社なども投入されるが、規模が大きければ自衛隊の施設科部隊も投入される。

なお自治体によっては、自衛隊による災害派遣の一般方針を定めている場合もある。平素から自治体や関係機関などで密接に連絡を取り合い、災害派遣要請があった際には、要請の内容や部隊が収集した情報に基づいて、派遣そのものの必要性を勘案し、必要があると判断されたときに初めて自衛隊の部隊は派遣される。

ただし、例外的な措置もある。特に緊急を要し、要請を待つ暇がないと認められた場合だ。たとえば、震度7などの大地震や10m以上の津波、大規模な火山噴火などである。

また、通信機器や通信環境が進歩したことで、被災住民が撮影した写真や動画によって瞬時に被災地の状況が伝わるようになった。その様子から明らかに緊急性があると判断されれば、部隊は自主派遣される。2021（令和3）年7月に発生した静岡県熱海市の伊豆山土石流災害派遣がその一例だ。

この災害派遣は、住民が撮影した映像がSNSで拡散されたあとに大きく報道された。これがきっかけとなり、部隊でファスト・フォース（コラム④参照）の準備が進められた。一部の偵察要員は派遣要請を受ける前に先遣隊として被災地に向けて出発しており、後続となる主力部隊の誘導ルートや、被災地の状況を上級部隊にリアルタイムで配信している。

災害派遣は、基本的に冒頭で述べた3つの要素を満たした要請に基づいて部隊を出動させる。ただ、部隊は無限に被災地で活動できるワケではない。

活動が長期化すれば、前述した要件を満たさなくなる。特に「緊急性」と「非代替性」は時間の経過とともに解消しやすく、「公共性」も次第に要件を満たさなくなるであろう。

そうなったと判断された場合には、要請権者である都道府県知事などが、自衛隊に対して「撤収要請」をしなければならない。

第２章

中越沖地震

2007（平成19）年７月16日10時13分

中越沖地震・災害概要

２００７（平成19）年７月16日10時13分頃、新潟県中越地方沖を震源とする地震が発生。地震の規模を示すマグニチュードは６・８で、最大震度は６強を記録した。比較的震源が近かった中越地震の記憶も新しく、住民らは再び恐怖と不便な生活を味わうことになった。

この地震による死者は15名、重軽症者は２３４６名になった。全壊家屋は１３３１棟で、最大時で約３万５０００戸が停電し、約６万戸が断水した。避難者は最大で約１万３０００名となり、自衛隊は延べ９万２４００名を派遣し、各種の支援活動を行った。

この地震災害に対する自衛隊の支援で特筆すべきが、米国から寄贈されたエアコンを在日米軍と共に設置したことであろう。

随所で確認できた倒壊家屋。築年数が古いほど倒壊のリスクは増加する

夏が始まったばかりの新潟県。冬は豪雪地帯となるが、夏はフェーン現象の影響で高温になる地域が多い。これは新潟県の背後にある高山帯が影響している。日本海側に広がる熱帯低気圧が高山帯から風を呼び込み、高地を越えた風が下る際に非常に乾燥した熱風になって新潟県の街中に流れ込むのである。

発災日の気温は、震源に近い柏崎市で平均23℃と過ごしやすい気候であったが、季節が進むにつれて日中の最高気温は平均30℃まで上がり、８月２日には36・７℃まで上昇した。避難所の暑さ対策は喫緊の課題であった。

米国の支援の速さは凄まじく、地震発生の翌日となる７月17日にはエアコン96台を供与すると決定。その翌日となる18日には、東京都にある米空軍横田基地から新潟空港までＣ－１３０輸送機によってエアコンが届けられたのだ。なお、外務省資料では、エアコンの供与となっているが、自治体の資料では提供や寄贈などと表現されている。

その一方で、自衛隊は通称「シロクマ作戦」と題して、

避難所となった学校の敷地内の建物も倒壊していた

約３００本の氷柱を毎日避難所に配布し設置していた。避難所が広く、避難者も多かったことから、日中のエアコンの効きが悪かったためだ。この氷柱は冷涼感をもたらすだけでなく、飲料水の冷却にも役立ったため、大変喜ばれたという。

自衛隊のこれ以外の活動では、発災当日に約４９０名の隊員が現地に向かっている。その際、車両約１９０両、艦艇９隻、航空機23機が派遣された。翌日には隊員規模は約２６００名まで拡充され、５日後の21日には約４０００名になった。

派遣部隊は、陸上自衛隊東部方面隊を筆頭に、中部方面隊、東北方面隊、北部方面隊、西部方面隊、そして中央即応集団（現 陸上総隊）の第１ヘリコプター団などである。

海上自衛隊は自衛艦隊及び舞鶴地方隊、航空自衛隊は航空支援集団、中部航空方面隊、北部方面航空隊、そして西部方面航空隊が参加している。

鉄筋が入っていない塀や灯籠などは非常に崩れやすい

中越沖地震 DATE

■発生状況（気象庁発表）

2007年7月16日
震源地　新潟県上中越沖
震源の深さ　約17km
規模　マグニチュード6.8
最大震度　震度6強

■被害状況

死者　15名
行方不明者　0名
重軽傷者　2346名
全壊家屋　1331棟
半壊家屋　5709棟
停電　最大約3万5000戸
断水　最大約6万戸
ガス停止　最大約3万1000戸
避難者　最大約1万3000名

■自衛隊の派遣規模（延べ数）

派遣人員数　約9万2400名
車両　約3万5100両
艦艇　95隻
航空機　1184機

中越沖地震の震度分布図

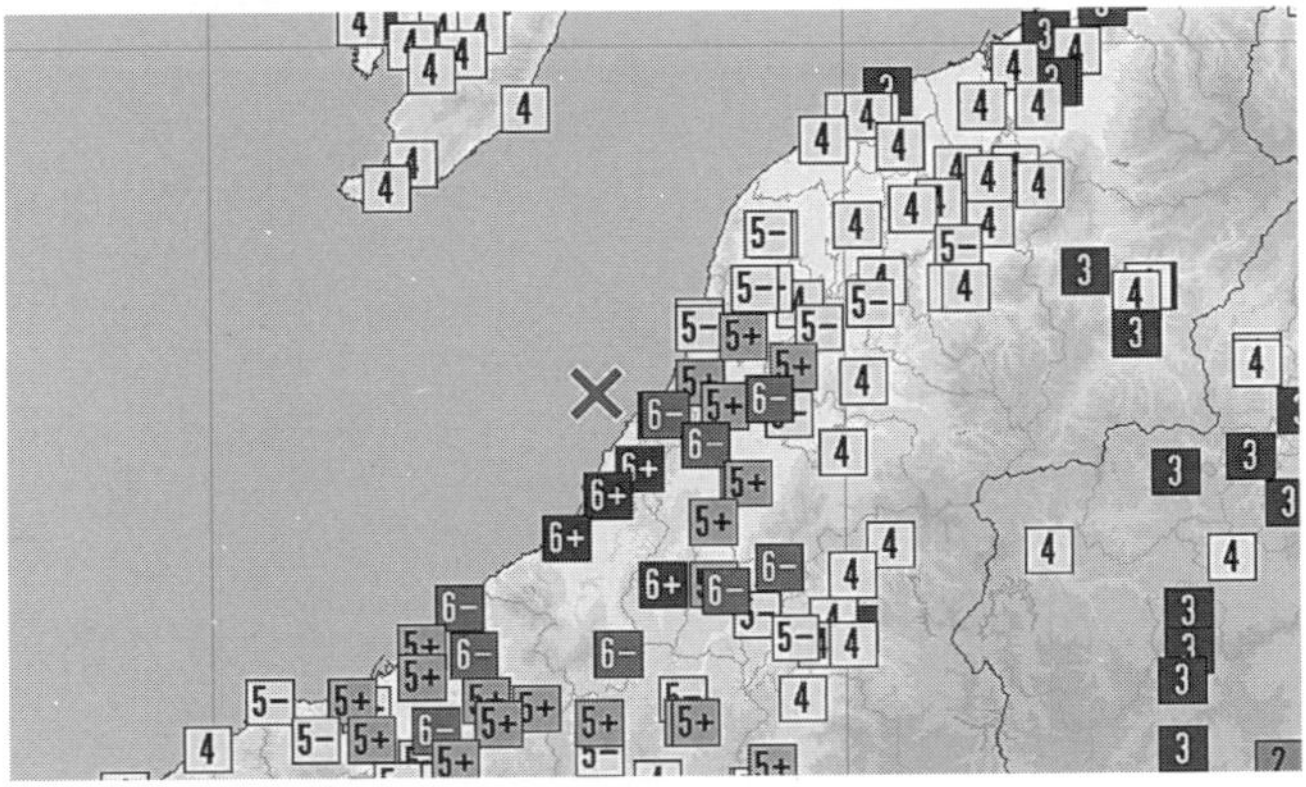

×印が震源。数字は震度、＋は強、－は弱を表す

自衛隊の活動

7月16日、防衛省内に新潟県中越沖地震災害対策本部を設置。同日、新潟県知事からの災害派遣要請を受け、活動終了となる8月29日までの間に、人命救助、人員・物資輸送、給食・給水支援、入浴支援、天幕設置支援、道路啓開、アメリカ政府から寄贈されたエアコン設置支援などに従事した。

大規模な土砂崩れで通行不能になった国道や鉄道も多かった

災害派遣体験記

避難所を快適に　日米共同戦線

訓練中に地震発生
当初、地震には気がつかず

ある月曜日の朝。週が明けてさっそく演習場で訓練である。

普段はあまり酒を飲まないが、日曜日の夜は久しぶりに駐屯地の近くにある小料理屋さんで一杯引っかけてから帰隊した。つまり、若干ではあるが二日酔い気味だった。

無理もない。坊主頭でコワモテと人に言われることも多いが、こう見えて私は酒に弱い。飲めないワケではないが、好き好んで飲むワケでもない。中ジョッキ２杯分のビールを飲めば、もう出来上がりである。安い男だ。

当直陸曹に外出証を返納すると、歯を磨いて自室の布団へと潜り込んだ。まだ消灯まで時間はあるが、もう眠い。

起床らっぱとともに起きると、体がダルい。私が所属していた施設科といえば、陸自内において

「大酒飲み」という印象がある。たしかに否定はしないが、全員がそうではないのだ。

いつも通りのルーティンで朝の用事を済ませ、朝礼が終わるとトラックの後部へと乗り込んでいった。

今日から3日間の訓練で使う資材は、先週の金曜日にすべて準備してある。あとは個人的に必要なモノを持っていくだけだ。

日帰り訓練とはいえ、軽食や水などは欠かさず持っていく。簡単な救急品セットも持っていく。ちょっとした怪我が原因で感染症などになっては困る。しかし、そう考えている隊員は少ない。


駐屯地を出発しておよそ40分で、近傍の関山演習場に到着した。

関山演習場は新潟県妙高市に所在する陸上自衛隊の中規模演習場だ。夏は暑く、冬は数mの積雪がある場所で、四季を感じながら訓練をすることができる風光明媚な場所だ。

今回行う訓練は橋架けである。陸自的にいえば「架橋訓練」となる。演習場の傍らにある深さ数mほどの自然の谷に橋を架けるのだ。部材を組み合わせて作る「パネル橋」という応急橋梁で、現地でユニットを組み立てるだけの、構造が簡単な橋である。

今の陸自は「パネル橋MGB」という当時私が使っていた「パネル橋」の後継装備を使っている。

このパネル橋MGBは、軽量で最大耐荷重は約60tとなっているため、90式戦車も通行可能なしろも

訓練で架けられたパネル橋MGB。簡易的な橋だが、金属製でしっかりしている

のだ。

１９３０年代にイギリスのドナルド・ベイリー氏が考案したことから「ベイリー橋」とも呼ばれ、第二次世界大戦でも活用され、ヨーロッパ戦線や沖縄戦において投入されている。

戦後は、自衛隊による国際貢献活動において、被支援国でパネル橋を構築したそうだ。なお、その橋は今でも使われているともいわれている。

そんなパネル橋を架ける訓練の準備をしていたときであった。

トラックから資材を降ろし、橋を架ける場所で事前の準備をしていると、最初はほとんど揺れを感じなかったものの、大きくゆっくりと横に揺れているような感覚がした。気がついた者は無言で止まり、作業中の者は気がつかず作業を続けていた。そして、次の瞬間、並べてあったパネル橋の部材が鈍い金属音をたてて横に揺れだした。

小隊長が「作業やめ！」と大きな声を出し、矢継ぎ早に「安全な場所まで移動しろ！」と声をかけた。揺れるパネル橋の部材は、ちょうど橋の主要部材で、橋の両端に取りつける重さ250kg近い鉄のパネルである。さすがに倒れそうな部材を抑えることはできず、端から倒れだす。

小隊長は倒れる部材からギリギリで離れると、全員を集め「一部の人員を除き、全員駐屯地へ戻る」と指示を出した。幸いにも、部材の近くにいた小隊長以外は全員が安全な場所におり、橋を架ける予定の谷に転落する者もいなかった。

「また中越かな？」

誰かがそう言ったが、声に出さないまでも全員がそう思っていた。

2004（平成16）年に発生した中越地震から早くも3年が経過しようとしていたこの日、震災翌年から新たに採用され部隊に着隊した新隊員を除き、転属者も含め全員が中越地震の災害派遣を経験していた。

災害情報を確認したいところだが、当時の携帯電話はガラケーが主流で、テレビが見られる携帯を持っている隊員は少なかった。SNSで情報を得ようにも、この頃は最初期のiPhoneが発売されたばかりで、Twitter（現 X）やフェイスブックも前年の2006（平成18）年に公開されたばかり。日本ではMySpaceやMixiといったSNSが主流であった。

そのため、災害情報を取得しようとすると、必然的にラジオとテレビだけになる。

今でこそ、多くの官用車にラジオが搭載されているが、当時は中隊長車のパジェロだけにラジオが搭載されており、ジープや中型トラック、大型トラックにはラジオがなかった。憶測と推測を語りながら駐屯地へと戻る主力部隊。大型トラックの後ろから見る景色はいつもと変わらなかった。

大地震と判明しても冷静な部隊
中越地震の教訓が活きる

演習場から40分かけて駐屯地へと戻ると、駐屯地の中央にあるグラウンドの周りには災害派遣に向かうための車両がズラリと並んでいた。その車列に逆行するように走り、いつもの駐車場に大型トラックが止まると、営内者（駐屯地内の営内隊舎に住む隊員）は自室で待機するように指示された。

自分の荷物を持ち、足早に部屋に戻ると、真っ先にテレビの電源を入れた。そこに映し出されたのは、各局が緊急特番を編成して地震速報を流す映像だった。まだ記憶に新しい中越地震。そこからそれほど離れていない場所が震源となり、再び大地震が発生したのだ。

このとき、4名が同室に居住していたため、四者四様でテレビ局を選択していた。それぞれのテレビ局で伝える内容や伝え方が若干異なるものの、大筋は同じであったため、一つのテレビだけ音声ありにして、その他のテレビは音声を小さくして報道内容に耳を傾けていた。これは大変なことになったぞ。みんながそう思っていた。

しばらくは出動なし
動いているのは隣の連隊と初動対処部隊のみ

普段の静かな駐屯地とは雰囲気が違う。外には出動命令を待つトラックが並び、今か今かとそのときを待っている。すべてのトラックには「災害派遣」の横断幕が付けられているが、自分の部隊のものは一枚もない。すべて隣人である第2普通科連隊の横断幕であった。

何があるかわからないので、とりあえず売店に買い出しに行こう。もしかしたら、すぐに出動の指示があるかもしれない。前回の中越地震よりも被害が大きそうだ。

なぜすぐにそう思ったのかといえば、発生してすぐに日が暮れた中越地震と違い、中越沖地震は午前中に発生していたため、日中に報道各社のヘリコプターが被災地上空を飛行し、リアルタイムで中継していたのを見ていたからだ。

前回よりも明らかに入ってくる情報の量が多い。それゆえに不安も大きくなるが、自分一人では何もできない。ではどうするか。いつ出動になっても良いように、物の準備を整えるのだ。

陸自では「物心両面の準備」という言葉をよく使う。これは、あらゆる任務に対応できる心の余裕と、個人で準備できるレベルの物資を準備するということだそうだ（諸説あり）。心の準備というのはなかなか難しいものだ。まだ災害派遣に慣れているわけではない。実際、ソワソワしている。つまり、まだ心の準備はできていないのだ。おそらく、心の準備というのは長年の経験があるからこそ成し遂

柏崎市の公園に集結した陸海の自衛隊部隊

今はなき古い倉庫で出発準備を整える

げられるのであろう。もちろん、災害はないほうがいい。それでも、災害列島日本では、いつどこで何があるかわからない。事が起きたときのために、災害派遣にも慣れる必要があるのだろう。

物の準備ができれば、少しは心に余裕が出るはずだ。そう思い立つと、足は売店のほうに向いて進んでいた。

しかし、生活隊舎から出てすぐに気がついた。

「財布を忘れた」

一度出た部屋に戻り財布を手にすると、サッと所持金を確認した。当面の物資を調達する資金はある。

まさに出発しようとしている部隊を横目にそそくさと隊舎から隊舎へと移動する。途中、自分が所属する中隊の事務室前を通るのでサッと中を覗いてみたが、いつもと変わらない感じであった。なんだ？　隣の部隊と空気感がまったく違うぞ。

そう思いながら廊下に貼ってある掲示物が更新されていないか確認していると、「しばらく出ないぞ」と声をかけてきた先輩がいた。

「出ないんですか？」と私が聞くと「ウチらの隊区内での被害はほぼないから、とりあえずは待機だ。いつでも行けるように準備していてくれ」との返答。そう言うと、先輩は喫煙所のほうへと足を進めていった。

いつでも出られる準備はだいたい整っている。残るは数日分の「おやつ」を買うだけだ。

駐屯地の売店に到着すると、ほとんどのインスタント食品は売り切れていた。栄養補助食品となるシリアルバーなどもない。ペットボトル飲料も残りわずか。スナック菓子も少ない。仕方がないので、残っている物から自分好みの商品を見つけ買い物カゴに入れていった。幸いにも、自分が好きなチョコレートバーが数箱分残っていた。買い占めることはぜず、一箱だけ手に取りカゴに入れる。

「これでしばらくは活動できるぞ」

人はストレスを受けたとき、自分が好きな物を飲み食いすると落ち着ける。特に甘い物はストレスを解消するのに役に立つ。

とはいえ、前回の災害派遣で学んだことがある。

普段は運動しているが、災害派遣中に運動することはできない。そして夜は活動しなくなる。つまり、太るのである。もちろん、遭難者の救助や、物資運搬などで動いていれば良いのだが、給水活動や給食支援は動きが少なく大量のカロリーを消費するワケではない。

反面、甘い物を食べたい欲求を抑えることはストレスにつながる。非常事態のときには、いかにストレスを減らすかがポイントになるのだ。

そう自分に言い聞かせつつ、高カロリー食品を次々とカゴの中に入れていくのであった。売店で買い貯めた高カロリー食品が、後々になって功を奏することになるとは、このとき、まったく考えもしていなかった。

営内で過ごす余震生活 震度予想で夜がふける

大量の「おやつ」を買い、両手にコンビニ袋をぶら下げながら自室に戻ると、同部屋の住人たちはテレビを見たり、携帯電話をいじったりしてゆったりと過ごしていた。外と中とでは雰囲気が大きく異なる。こんなにのんびりしていて良いのだろうか――。

良いのである。

いざ出動となれば、数日間から数週間にわたって高いストレスを受けながら活動することになる。休めるときには休む。これが長期間にわたって活動するうえでの秘訣なのだ。

全員が同じことを認識していた。その教訓となったのが、中越地震である。

日も暮れ始め、今日の出発はないと思っていると、当直室から「終礼集合！」と叫ぶ声が廊下に響き渡った。

やはり出動はなかった。

終礼のときにも「何があるかわからないので、いつでも対応できるように準備しておくこと」というようなことが伝えられた程度であった。

もちろん、このような状態なので隊員クラブでお酒を飲むこともできず、外出も必要な物の買い出し程度だけ許可される。自衛隊的にいえば「第3種非常勤務態勢」。ちょっと一杯だけということは許されないのだ。もともと酒をあまり飲まない私からすれば、あまり意味のない規制なのだが、大酒飲みの先輩は非常につらそうだった。

ただこのとき、しばらく酒が飲めないと吹っ切れた先輩は、どこか覚悟を決めた顔をしていた。「酒飲みたい」と連呼していたのに、この日は一切「酒」という言葉を発しなかった。環境はこれほどまでに人を変えるのかと驚いたほどだ。

そうこうしているうちに気がつけば夜は更けていた。余震も続くが、この頃になると震度4程度では動じないほど地震慣れしてきた。震度5弱の余震であれば身構えるが、震度3や4はもはや日常なのではないかと勘違いしてしまうほどだ。

点呼が終わり、布団に潜るとまた揺れた。

「これは震度3だな」

「いや、4はあるだろ」

そう言って消したテレビをつけると、地震速報で「最大震度4」と発表されている。

「な？　4だったろ？」

そう言うと、先輩はテレビの電源を切って横になった。消灯後、みなの顔が携帯電話の明かりにぼんやりと照らされながら、しばらくこの話は続けられた。

いよいよ出動
任務は日米共同エアコン設置

地震発生からしばらくすると、急遽呼び出しがかかった。

数組のグループはすでに給水や給食支援で出発していたが、まだまだ部隊に残っている人員は多かった。

「ようやく出番か。しかし、何をするのだろうか」まったく知らされていなかったが、幹部室に入ると「エアコン設置に行くから通訳やって」とのことだった。

エアコン設置で通訳？　まったく話がリンクしなかった。こちらは、エアコン設置には電気工事士の資格が必要なのでは？　くらいの知識量である。

それに、通訳なんてやったことはない。若干、英語は理解できるが、日常会話で精一杯だ。専門的な単語なんて知るわけがない。ましてや、最後に英語に触れたのは18歳のときだ。約6年間も英語を使っていない。

いや待てよ。部隊には英語が話せる先輩がいたぞ。彼はどうなのだろうかと尋ねたら「当然彼も行く。彼は部隊長の通訳で、お前は現場での通訳だ」とのこと。

なんと。どうあがいても逃げられないらしい。

いろいろなことが頭の中を駆け巡るが、派遣要員が全員揃ったところで全体への説明が始められた。

当時の在日米軍司令官も現場へ視察に訪れた

米軍から寄贈された大量のエアコンを車両に積んでいく陸自隊員たち

「夏真っ盛りで避難所の気温が上がっている。そもそも、エアコンがない避難所が多い。そこで、米軍がエアコンを寄付してくれることになった。あくまでも米軍が寄付してくれるので、設置まで米軍が行うのだが、米軍に慣れていない住民を安心させるために我々も同行する」

といった具合であった。なるほど。それは納得である。しかし、ほかに適任者はいないのだろうか――。残念ながらいなかった。そもそも、英会話ができる隊員がいない。中学校と高校で6年間も英語を学んできたハズなのに、英語がチンプンカンプンなのだ。しかし、あーだこーだ言っている時間はない。少しでも英語を思い出すため、引き出しの奥に眠っていた英和・和英辞典と、日常会話集を発掘した。

懐かしいなぁと思いつつ読み返すと、徐々に緊張感が増してきた。ダメだ。全然頭に入らないし、覚えられないし、思い出せない。そんなときは寝るに限る。明日の出発も早い。自分は米軍人慣れしているが、そこまで英語に慣れているワケではない。人に対する苦手意識はないが、言葉は別なのだ。ましてや、これまでプライベートで遊ぶために使ってきた雑な英語である。ぶっつけ本番で通訳なんてできるワケがない。

しかし、これは命令だ。部隊から受けた命令である。自衛隊は文民統制が働く組織である。末端まで伝えられる命令とは、いわば法律に則った国からの命令なのである。従うしかない。

翌日、エアコン設置作業に向けた準備を整えて、被災地に向けて出発した。道中、トラックの荷台から見える景色は、被災地に近寄るほど倒壊家屋や道路のひび割れなどが目立ってくる。まず到着したのは柏崎港だった。ここにいったん集合し、それから宿泊地となる広場へと向かう。広場といっても何もない。ここに天幕を建てて、しばらくの生活の拠点とするのだ。

震災発生から2日後となる7月18日、暑さ対策のために96台のエアコンが米空軍横田基地から新潟空港まで届けられたという。

そのエアコンを取り付ける作業をするため、指定された避難所へと向かうと、そこには自衛隊とは異なる迷彩服を着たグループがいた。どうやら、彼らがカウンターパートとなり、エアコンの設置作業を行うらしい。近づいて挨拶をすると気さくに応じてくれた。久しぶりのアメリカ人との対話である。なんだかとても懐かしい気がする。

私が初めてアメリカ人と接したのは15歳の頃であった。英語を話すなんてまともにできない状態のまま、厚木基地に出入りするようになった。当時は米海軍航空隊の空母艦載機部隊であるＣＶＷ－５（第5空母航空団）がいた。今は部隊の改編を経て岩国基地に所在している。

そこで紹介してもらった米海軍のパイロットの奥さんが、個人的に英会話教室を開催しているということで、週1回のペースで通っていたのだ。このときは、最低でも月に1回のペースで厚木基地に通っていた。部隊でイベントがあるときには呼んでもらい、今や伝説となっている厚木基地のエアショーではブースで販売の手伝いもした。

17歳になった頃、彼は転勤することになったため、次の先生を紹介してもらった。その後も足繁く教室やイベントに通い、19歳の頃に都内で一人暮らしを始めるため、英会話教室を辞めることにした。その翌年には陸上自衛官になっていたため、遅かれ早かれ英会話教室は辞めねばならなかっただろう。なお、15歳の頃に英会話教室でお世話になっていた若年パイロットは大佐まで昇任し、今では海軍を退役して牧場を経営している。

そんな時期から数えて約6年間も英語から遠ざかっていたのである。英会話力は底辺にまで落ちている。

特に聞き取りができない。相手の言っていることがほぼわからないのだ。相手もそれは承知しているため、簡単な単語とフレーズで話しかけてくれるのだが、それでも完璧には理解できない。その一方で、こちらが言いたいことを簡単な言葉を並べるだけで伝えることができたのは良かった。彼らの理解力が高かったということもあるだろう。なぜなら、彼らは米4軍にある工兵部隊のなかで最も優れた技術を持っているとされる「Seabees（シービーズ）」だからだ。

Seabee は Construction Battalion（建設大隊）の頭文字「CB」と、海の「Sea」、そして働き者の「蜂（Bee）」を掛けて語呂合わせしている。

シービーズは、大工や配管工などの職人を集めて編制されたことから始まる。現在でも、普段は大工などとして働いている予備役を活用するシステムを構築しており、戦時にはさまざまな現場で働く職人が招集されるのだ。今回の派遣で来てくれたシービーズは全員が現役の海軍兵で、普段は厚木基地で勤務していると教えてくれた。

気さくな彼らだが、実は双方とも緊張していた。そこで、簡単ながらもお互いに自己紹介し、持ってきた装備を見せあった。基本的な木材加工に使用する装備しか持ってきていないため、あまり話が弾まないかと思ったが、意外なところで大いに盛り上がった。それがマルチツールナイフだ。

マルチツールナイフとは、日本語でいえば十徳ナイフのことだ。ナイフをメインとしてペンチやドライバーなどさまざまなツールがコンパクトにまとめられている。今となっては銃刀法の関係でナイフ付きは敬遠されるのだが、当時はそのようなことはなかったため、ほぼ全員が何かしらのマルチツールナイフを持っていた。

米海軍の工兵部隊「シービーズ」の部隊マーク。蜂が工具を持っているような意匠だ

オーソドックスなのが、スイスの国章が入っているビクトリノックスだ。また、レザーマンやガーバーといったメーカーが人気だった。そんなこんなでナイフの話で盛り上がっていると、小隊長から作業に入るように指示があった。そりゃそうだ。ここにはエアコンを設置するために来たのだ。ナイフの話をしに来たのではない。

暑い夏の作業
2日に1回の入浴は輸送艦「おおすみ」で

ナイフ談義のせいか、お互いに打ち解けあった日米合同のエアコン設置作業班。届いたエアコンの箱を開梱すると、出てきたのはザ・アメリカという感じの大型エアコンだ。室外機と一体型になったタイプで、電源を入れればすぐに使える。

基本的に日本製のエアコンは100V仕様になっているが、届いたアメリカ製のエアコンは200Vであった。電気工事士の資格を持たない私にとって、これがどう影響するのか想像することができなかったが、この電圧の問題はすでにクリアしているらしい。

はて？　電気は停まっているはずでは？　そう思っていたが、停電は解消されたのか、それともこのエリアは停電していなかったのだろうか。いずれにせよ、いち陸士の自分にそんなことは関係ないのだ。ただ、示された目標を達成するために努力するだけなのだ。

肝心なエアコンの設置だが、一体型のため室内に入る部分はわずかで、本体のほとんどが外に露出するタイプであった。

公民館やコミュニティセンターなどの窓を外し、寸法を測る。そこに収まるのであれば良いが、収まらない場合にはほかの場所を探すしかない。計96台のエアコンを複数の班に分けるのだが、記憶が正しければ一個班あたり5ヵ所から6ヵ所の避難所に4台から6台程度のエアコンを設置したはずで

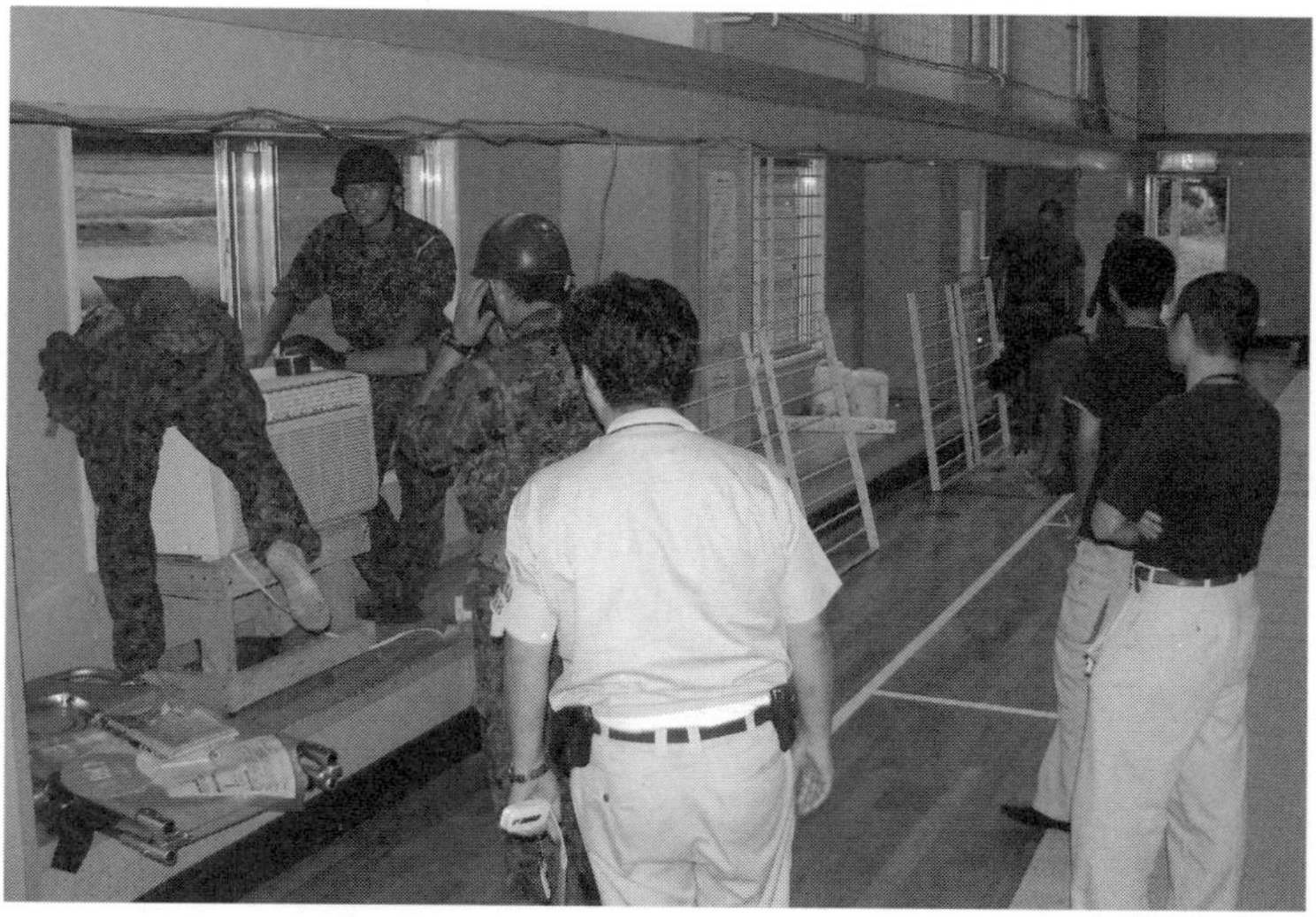

防衛局の職員などが見守るなかで作業は進められた

その場に合致した方法を模索して作られた即席のエアコン台

ある。もちろん、避難所の広さや避難している被災者の数によっても調整される。

ある避難所に指定されている場所に到着すると、そこには誰もおらず、使われた形跡もなかったこともあった。そういった場所は設置しても無駄なので、後回しである。実際に被災者がいる場所に取り付けないと意味がない。

さて、作業を開始しようかとなったそのときであった。本体のほとんどが外に出る設置方法になるため、専用の台を作らねばならないことに気づいた。

この台は現地で寸法を測り、その場で木材を加工し組み立てるのだが、ここで大きな問題が発生した。それが「センチ」と「インチ」の違いだ。

1センチは0・3インチ、1インチは2・54㎝。それぞれが持っているコンベックス（金属製メジャー）も表記がセンチとインチで日米の違いがある。困った。これでは「30センチの棒」とシービーズたちに伝えてもどれだけ長いのか理解できない。逆もまたしかりである。

話し合いの末、ここは米軍から寄付されたエアコンを設置するのだから、我々がインチに慣れようということになり、自衛隊側は自前のコンベックスをバッグの中に仕舞ったのだった。

そこで、何をやらせてもうまくやる先輩が「俺はコレがあるから大丈夫」とセンチとインチが併記されたコンベックスを取り出した。これにはたまげた。まさかこんな物を用意しているなんて。そもそも、どこで買ったのだろうか。こういったところに気がつくのがうまくやるコツなのだろう。

"Honor, Courage, Commitment"　August 17, 2007 *Skywriter* 7

an effort in quake-stricken Niigata

Clockwise from top left: Construction Electrician First Class Lucresio Ancho of Naval Air Facility Atsugi drills a drainage hole while members of the Japan Ground Self Defense Force assist at the Kamiyoneyama Community Center, Kashiwazaki City, Niigata Japan, July 21. The center is serving as an evacuation center for city residents displaced from their homes as a result of the July 16 earthquake that rocked the area. Ancho and 14 other Seabees departed Atsugi July 19 and have installed more than 30 air conditioning units at various centers throughout the area.

Construction Electrician Second Class Boneyreza Formaran and Leading Private

米海軍厚木基地内で配布された新聞に掲載された筆者（右写真の右側）

日米の作業員たちでアレコレ話しながら作業は続けられた。１日で構築できるのは避難所１ヵ所か２ヵ所のみだ。遅いと思われるかもしれないが、窓枠の大きさや地上からの高さはそれぞれの避難所によって異なる。それぞれに対応する必要があるため、エアコン台はすべてオーダーメイドだ。施設の広さを勘案して設置するエアコンの数も決めなければならない。ある意味では非常に丁寧な仕事をしていたはずだ。

ある程度作っていくと作業自体にも慣れてくる。しかし、私に与えられた仕事は通訳だ。あまり道具を使うことはなく、物を運ぶ手伝いをしたり、両者が円滑に作業できるようにサポートすることが私の任務である。

作業開始から2日目のことだった。米軍の機関である星条旗新聞（スターズ・アンド・ストライプス紙）が取材に来てくれた。そこで、現場にいる英語が話せる自衛官として、私がインタビューを受けることになった。白髪の大きな体のアメリカ人記者は、丁寧にゆっくりと私に質問してくれた。これにはとても助かった。

一般の媒体ではないが、軍の新聞記者からのインタビューだ。私の返答次第では、日米同盟に亀裂が走るかもしれない。しかし、そんな緊張感はあっという間になくなった。

身の上話から始まり、部隊のこと、今回の派遣のことなどを簡単に回答しているだけでいつの間にか終わってしまった。不用意なあやしい曖昧な発言で、これまで築いてきた日米同盟を破壊せずに済んで良かったと安堵した。

こうした作業をしているなかで話題になるのが食事である。

お互いに持ち寄った戦闘糧食の交換会や試食会は、現場での定番となった。米軍側は「日本のレーションは美味しい」と言い、自衛隊側は「米軍のレーションは美味しい」と言う。そしてお互いに自国のは美味しくないとブーイングを言う。そしてゲラゲラと笑い合う。草の根単位の日米同盟はこうして深化していくのだ。

夏日が続く被災地での活動。汗だくになるためシャワーを浴びたいが、なかなかそうもいかない。後方支援隊が持っている野外入浴セットは、被災者のために使われている。自衛官が入る余地はなく、入れたとしても残り湯でさっと汗を流す程度だ。

艦艇の浴室はシンプルだが機能は申し分ない。写真は胆振東部地震で支援を行った砕氷艦「しらせ」の浴室

なお、現役生活を約10年続けていた私だが、陸自の野外入浴セットを使ったことはない。長期の演習などで展開してくれれば良いのだが、そういった連携はない。本来は隊員のための装備として調達されたはずだが、被災者専用装備になっている。もちろんそれでも構わない。必要としてくれる国民がいるのであれば、優先的に使ってもらおう。そのための防衛装備品だ。

一度も使ったことがないので、レビューを書くことはできないが、入浴後に感想文を書くスペースを少しだけ見せてもらったことがある。そこに綴られていたのは、被災者の方々からの心温まるお言葉だ。

「ありがとう」

この言葉を聞ける（読む）だけでこちらの心も温まる。

「大きくなったら自衛隊になる」

ぜひぜひ。私たちはいつまでもあなたの入隊を待っています。

野外入浴セットは被災者のためとはいえ、自分が入れないのは衛生的に良くはない。体の衛生状態を良好にする、つまり風呂に入り着替えることは、作戦を継続するうえで必須の要素なのだ。もちろん、風呂道具も持ってきている。しかし、どこの風呂に行けば良いのか。

そう思っていると「海自さんが風呂を貸してくれるから○○時に集合！」と声がかかった。やった！　風呂に入れる！　小躍りしながら支度を整えると港まで歩いていく。そこに停泊していたのは、海自の「おおすみ」型輸送艦であった。

一度に入れる人数に制限があるため、グループごとにまとまって艦内へと案内されていく。脱衣所で汚れた戦闘服を脱ぎ、浴室内に入ると、そこは天国のようであった。浴室内に特別な飾りがあったり、酒が置いてあるわけでない。艦内の風呂は普通の無機質な浴室なのだ。そんな当たり前の施設が特別に感じられるほど、このときのお風呂は心に染み渡るものがあった。

次のグループが待っているためゆっくりはしていられないが、限りある時間を有効に使わせてもらい、体を綺麗にすることができた。

こうして心身ともに回復した私は、翌日の作業に向けた準備を整え、寝袋の中に潜り込んでいったのだった。

コラム 3 24時間365日の待機態勢

自然災害はいつ、どこで発生するのか、予測がつかない場合が多い。台風などのあらかじめ進路や勢力が判明して、到達までに猶予のある事象であれば予防策も取れるが、地震や噴火などの自然災害は、突如として人類を窮地に追い込む。津波にいたっては、数回にわたり連続して押し寄せてくるため、大地震が収まったからといって決して安心はできない。

そこで、自衛隊はあらゆる自然災害に対応できるように、24時間態勢で即時出動できる状態を保っている。初動対処部隊、通称「ファスト・フォース」として待機要員を指定し、早ければ発災から5分以内に、遅くとも2時間以内には最初の部隊を被災地に送り込めるようにしているのだ。

この待機要員の選定は、各部隊ごとに行われており、1週間程度の期間を定めて交替制で待機任務についている。この間、隊員は指定された範囲外に出かけることはできない。当然、家族サービスで遠方へ遊びに行くことも禁じられている。また、飲酒に関しても厳格に禁止されているため、酒飲みの隊員には、良い禁酒期間となるだろう。

それゆえ、大半の日本人が新年を祝う1月1日に発生した2024（令和6）年の能登半島地震の際にも、多くの自衛官が直ちに所属する駐屯地へと向かい、出動態勢を整えることができたのだ。

これは、国防に任ずるという強い責任感を持った隊員の心構えの現れであり、素早く出動できるということは、災害派遣のみならず、国防の観点からも強い抑止力として内外にアピールすることができる。

とはいえ、冠婚葬祭などのどうしても避けられない用事がある場合には、待機要員に指定されていない隊員と勤務を交代することもできる。なにがなんでも国防のために待機しなければならないというワケではなので、自衛官を志す方も安心してほしい。ただ、要員を交代した場合はファスト・フォースの編成表を書き換える必要があるため、必ず上司に報告しなければならない。

なお、ファスト・フォース以外にも、当直の隊員が24時間待機している。

当直とは、各部隊規模から駐屯地規模まで必ず指定される特別勤務者のことである。通常、勤務時間外における部隊長の代理要員で、当直幹部をトップに補佐役として当直陸曹や当直陸士が指定される。

当直の役割は、通常であれば課業時間外における規律の維持や、火災予防、盗難予防に務め、軽易な業務であれば、必要に応じて担当者の代替要員として仕事をすることもある。

そして、発災時には人員の確認を行う。駐屯地にいる人員の数は、日頃から朝と夜に点呼の形で集計しているが、発災時にも駐屯地に残っている人員を把握し、駐屯地の当直司令などに通報する役割がある。

また、部隊の主力が戻るまでの間に、駐屯地内にいる隊員と協力して、車両を配列したり、指揮所を立ち上げたり、駐屯地外に居住する隊員と連絡を取り、登庁するように連絡するなど、非常に多忙な状態になる。その後、部隊長が登庁してくれれば、その際に現状の報告を行い、通常の業務に復帰するのである。

コラム④ 真っ先に飛び出す初動対処部隊「ファスト・フォース」

陸海空自衛隊には24時間365日、休むことなく待機している部隊や隊員がいる。それらの部隊は初動対処部隊と呼ばれていたが、2013（平成25）年から「FAST-Force（ファスト・フォース）」と名称を変えている。

この部隊は基本的に陸海空すべての部隊が対象となっており、一部の警備隊区を持たない部隊以外はすべてファスト・フォースを編成しているといっていい。

ファスト・フォースには、全国で一律の基準が設けられている。共通している基準は、震度5弱以上の地震が発生した場合に、速やかに情報収集できる態勢を維持することである。

陸上自衛隊の場合、地上部隊やヘリコプター部隊などが待機の対象で、その規模は人員約3900名、車両約1100両、航空機は約40機となっている。これらの部隊は、指定されている地域で震度5弱以上の地震が発生した際に、命令を受領後およそ1時間を基準に出動できるようにしている。

海上自衛隊の場合、各地方総監部ごとに1隻の即応対応艦艇が指定されており、航空部隊においては全国に約20機が指定されている。なお、各基地で待機している航空機は、発災から早くて15分、遅くとも2時間以内には出動できる態勢だ。

航空自衛隊の場合は、対領空侵犯措置のために待機している戦闘機部隊が、発災時には任務を転用して対応することになっている。そのため、早ければ最速5分で離陸し、被災地に向け

熱海市伊豆山土石流の災害派遣で出動したファスト・フォースのトラック。車両正面にファスト・フォースのロゴが貼られている

て飛び立つことができる。また、救難部隊も待機しており、発災から15分程度で離陸し、上空から被災地の様子を偵察し、情報収集や人命救助活動に向かうのである。

これらのファスト・フォースが出動するのは、基本的に震度5弱以上の地震が対象となるが、台風などによる豪雨や離島における急患搬送でも出動する場合がある。特に、医療体制が整っていない離島における急患搬送は、刻一刻を争うこともあるため、ゆっくりと準備しているワケにはいかない。

この急患搬送が最も多いのが、沖縄県の那覇駐屯地に所在する第15旅団隷下の第15ヘリコプター隊で、年間200回もの急患搬送を担当している。なお、1972（昭和47）年の粟国島への初となる急患搬送以来、出動件数は1万440件に及び、1万8111名もの命をつないでいる。（2024年4月現在）

第3章

東日本大震災

2011（平成23）年3月11日14時46分

東日本大震災・災害概要

２０１１（平成23）年３月11日14時46分頃に発生した地震。震源地は三陸の１３０㎞の沖合で、震源の深さは約24㎞、マグニチュードは９・０で、１９５２（昭和27）年に発生したカムチャッカ地震と同じであった。

なお、この地震は日本国内の観測史上最大規模で、アメリカの地質調査所によれば、１９００（明治33）年以降に発生した地震のなかで、史上４番目の強さであったという。

観測された最大震度は７で、５月31日までに発生した余震は震度６強が２回、震度６弱が２回、震度５強が６回、震度５弱が23回、震度４が１３５回にも及んだ。

死者は東北地方を中心とした12都道府県で２万人を超え、明治時代以降の日本の地震災害としては、関東大震災、明治三陸地震に次いで３番目の規模となった。

沿岸部を襲った大津波。これが石巻市を中心に発生した

この地震で最も注目された被害が津波であろう。

地震だけであれば、ここまでの被害規模にはならなかったともいわれており、実際に津波による浸水面積は約５６１平方㎞にもなる。津波による農地被害は２万ヘクタールを超えている。東京23区の広さがおよそ６２８平方㎞なので、23区の大部分が水没したと考えてもいいだろう。

また、漁船の被害は２万隻を超え、３１９の漁港が被害を受けた。このときに発生した津波は、福島第一原子力発電所も襲った。既知の通り、原発そのものが停電しメルトダウンが発生している。

こうした大惨事に対して、国内のみならず、国外からの支援も続々と集まっていった。最終的には１５６の国と地域から支援が表明され、28の国と地域から救助隊が到着し、53の国と地域から救援物資が送られている。

なお、こうした大災害が発生したタイミングでは、ロシアと中国は毎回日本に偵察機や戦闘機などを飛ばしている。東日本大震災でも同じで、この行為に対する対領空侵犯措

津波があらゆる物を押し流していく

置にも航空自衛隊が対応するなど、全力で災害対応できない状況が続いていた。

自衛隊も大きな被害を受けており、宮城県東松島市の松島基地に所属するF－2B戦闘機18機、T－4練習機4機、U－125救難捜索機2機、UH－60J救難ヘリコプター4機、陸自が保有するEC－225LP特別輸送ヘリコプター1機が津波によって水没している。

自衛隊の活動概要

3月11日14時50分、防衛省は災害対策本部を設置。その5分後から10分後には、陸上自衛隊東北方面航空隊や海上自衛隊第73航空隊などが情報収集のため上空偵察を開始した。

被災各県知事からの要請によって、当時の北澤防衛大臣は18時に「大規模震災災害派遣命令」を下達。また、被災規模が大きいことから、派遣部隊を一元的に管理する必要

壊滅的なダメージを受けた三陸の海沿いにあった町。津波は建物だけではなく、多くの人命と思い出も巻き込んだ

東日本大震災 DATE

■発生状況（気象庁発表）

2011年3月11日
震源地　宮城県牡鹿半島沖
震源の深さ　約24km
規模　マグニチュード9.0
最大震度　震度7

■被害状況

死者　1万9775名
行方不明者　2550名
重軽傷者　6242名
全壊家屋　12万2050棟
半壊家屋　28万3988棟
停電　最大約891万戸
断水　最大約220万戸
ガス停止　最大約48万戸
避難者　最大約47万名

■自衛隊の派遣規模（特記除く延べ数）

派遣人員数　約1058万名
車両　約95万両
艦艇　59隻（最大）
航空機　約1500機

東日本大震災の震度分布図

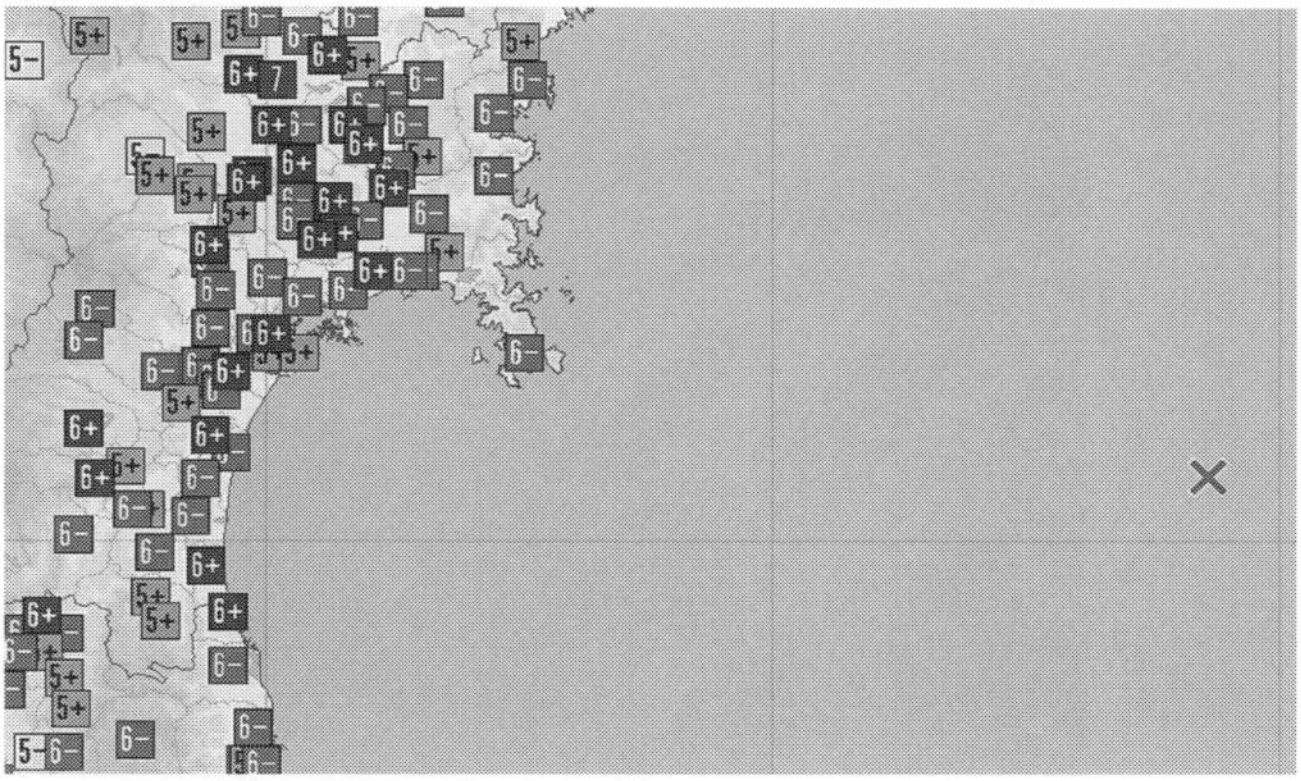

×印が震源。数字は震度、＋は強、－は弱を表す

があるとして、東北方面総監をトップにした陸海空の統合任務部隊を編成。

統合任務部隊としての活動は同年7月1日をもって解除されたが、部隊の人数は最大で10万人にも及んだ。その後は東北方面隊が主力となって支援活動を継続。福島県知事を除く被災各県知事からの撤収要請を受け、自衛隊としての大規模震災災害派遣は8月31日をもって終了した。なお、予備自衛官と即応予備自衛官*は、制度が創設されて以来の初となる災害派遣に招集された。

また、原子力災害派遣も初めて発令され、在日米軍を始めとする諸外国からも多くの支援を受けている。

*即応予備自衛官

予備自衛官・即応予備自衛官ともに普段は民間人としてそれぞれの職業に従事し、招集があれば自衛官として活動する。予備自衛官は後方支援等を行うが、即応予備自衛官は現職自衛官と同様に第一線部隊の一員として扱われる。

この日、我々は津波が持つパワーの恐ろしさを痛感した

災害派遣体験記　未曾有の大災害に奮起するも……

らっぱ練成中に揺れる駐屯地 不気味な音と不穏な空気

唇がヒリヒリする。軽い痛みに耐えていた3月11日の午後。

この日は翌週の月曜日から始まる施設団主催の「らっぱ競技会」に向けた最終調整をしていた。私の部隊は昨年総合優勝しており、今年も連覇を狙って練習しまくっていたのだ。

どうにかして楽に吹奏できないものか。そう考えて音が鳴るかならないかギリギリの線でらっぱに息を送り込んでみたところ、非常に綺麗な柔らかい音色が響いた。

「おお！　これは！」

忘れないうちにもう一度音を出してみる。出だしは音が出ないが、すぐに唇の狭い隙間を縫うように空気が抜けていき、唇が心地よく振動したかと思うと、先ほどの音色が再現された。

「これだ！　これが目指していた吹き方だ！」

つい調子に乗って何回も吹いているうちに唇がジンジンと痺れてきた。

「いかん。調子は乗るものではない。上げるものだ」そう自分に言い聞かせると、唇を休めるために休憩を取ることにした。周りには音を出すだけで精一杯の者もいれば、安定して音を出せる者もいる。さて、週末は唇を休めよう。そのために、今日は目一杯吹いて感覚を掴むとしよう。そうすれば、個人戦でいい成績を残せるかもしれない。

そう思っていた矢先だった。奇妙な音を立てて地面が大きく横に揺れ始めた。旧軍時代からあるといわれている隊舎で練習していたのだが、古い木が軋む音を聞いて慌てて外へと飛び出した。

駐車場のトラックが前後に大きく揺れている。この時期は冬季であるため、サイドブレーキの凍結を防ぐ目的で、サイドブレーキは解除しているのだ。タイヤの前後に嚙ませた車止めに当たりながら、板バネ式のサスペンションから気味の悪い金属音が聞こえる。

雪解けによって出来た大きな水たまりの水が前後左右に大きく波打って揺れている。地面のひび割れは生き物の口のように開いたり閉じたりを繰り返す。

「これはただごとではない」

そう思いつつも、中越地震、中越沖地震を経験して少しだけ地震について勉強していた私は、いわゆる長周期地震だとわかった。つまり、震源は遠い場所であると考えたのだ。

どれだけ遠く離れた場所が震源なのかはわからないが、これだけ大きな長周期地震を感じるということは、相当大きな地震に違いない。直観的にそう思った私は教官に「ただごとじゃないですね」と

観客の前で演奏を行うらっぱ隊。主に号令や伝令、士気高揚のために錬成される。特技「らっぱ」は、隊員個人に与えられる固有の部内資格。通常、中隊などに４名から５名ほどの「らっぱ」特技保有者が在籍している。競技会や演奏会がある場合には、各中隊から選抜された隊員が参加して臨時のらっぱ隊を編成する

告げると、教官は「そうだな。いったん解散しよう。何もなければ予定通り月曜日に出発するから、その準備も忘れずに」と言ってらっぱ練成隊を解散させた。

足早に自室に戻りテレビをつけると、東北地方で大地震が発生したと伝える緊急特番が放送されていた。各局が中継を出し、被災地の様子を報道している。今ほど活発ではなかったＳＮＳでも話題は地震のことだけだ。

これは大変なことになった。災害派遣は間違いない。しかし、まだ余震が続いている。今すぐに何かできるワケではない。落ち着こう。そう思いつつテレビに見入っていると、あの津波映像が流れてきた。

これは衝撃的だった。まるで何かの映画を見ているような感覚に陥った。到底現実

だとは思えなかったのだ。

次々と家屋をなぎ倒しながら内地へと進む津波。河川を遡上し、氾濫する津波。

これまで地震に対する備えや知識は人並みにあったつもりだったが、津波に関する知識は皆無だった。

過去には、三陸ではないが、大昔に津波が押し寄せた跡が碑になって残されているのを見たことがあった。津波は頻繁に発生するものではないが、ひとたび発生すると甚大な被害をもたらす。先人たちが現代を生きる我々に警告してくれているのが、この碑なのだ。

ふとそれを思い出している間にも、津波はドンドン内陸へと進んでいく。

こんなにも進むのか。それだけ地形的に低い場所なのか。

テレビ画面からでも伝わってくる悲惨な状況に言葉が出なかった一方で、さまざまな角度から多くのカメラマンが記録している津波映像を見ながら、冷静に分析している自分もいた。

目の前で明らかに異常な事態が発生しているのに、冷静とはいえないものの、しっかりとカメラを構え、津波の映像を克明に記録しているカメラマンの姿を想像していた。

このときの記憶が、のちのカメラマン生活にも活かされている。

まずは情報収集 指揮所での伝令業務

行けと言われればいつでも行けるが、部隊にその動きはない。特に何をするワケでもなく、淡々と時間だけが経過していく。

〝無力〟

まさにこの言葉を身をもって知ることができたのもこの日だ。

人間は、強大な自然の力の前では無力なのだ。

国民の生命と財産を守る自衛官であっても、この状態では手出しはできない。ましてや、被災地から遠く離れた部隊にできることは、命令があればすぐに出動できる状態を整えておくことだけだ。

気持ちは焦るが、できることは限られている。今はおとなしく出動の命令を待つしかない。やりきれない気持ちを抑えつつ、この日は過ぎていった。

「ドーン！」という非常に大きな音とともに目覚めると、生活隊舎が大きく揺れた。時間は短かったものの、大きな地震があったことには変わりない。

時間は朝の4時。普段ならいびきをかいて寝ている時間だが、みなが起き上がった。テレビをつけると、長野県北部で地震があったそうだ。

なんなんだ。日本が破壊されるのか？　地震で真っ二つになるのか？

いつもなら冗談で言うようなことが、実際に起きるのではないか。そんな不安に襲われた。そこからまた眠ることもできず、テレビの音声を小さくしながら見続けていた。

「こういうことが起きてもいいように、全勢力では出動しない。それが自衛隊なんだ」と上官に教えられた。

なるほど。たしかに3月11日に全員が東北に向かってしまっていたら、長野への救援は不可能になる。そもそも、国防が第一義の自衛隊の部隊が被災地に集中してしまったら、主任務である国防に空白を生むことになるのだ。


夜が明けるとテレビ各局が被災地上空からの中継を放送し始めた。

ありえないほど壊滅状態になっている町を映している。こちらも近所で最大震度6強の地震が発生した。

慌てても仕方ないが、テレビを見ているだけでは落ち着かない。事務室に行って情報収集してみるか。そう思い事務室に向かうと淡々と仕事をしつつ、余震を感じるとニュースが放送されているテレビに目を向ける程度の状態だった。

今慌ててバタバタしても仕方ないのだ。みなそれを理解していた。

全員がすぐにでも出動できる状態だったが、命令がない以上は行くことはできない。闇雲に出動し

原発に放水する陸自の消防車

たとしても、支援内容も決まっていないため、待機するしかない。その待機する場所も確保しなければならない。また、部隊が動くにはさまざまな経費が必要になる。その経費を計上するにも命令がなければ根拠がない。やはり、命令は必要なのだ。

そんな現実に打ちひしがれている私を見かねた先輩が、「あと10分で伝令の交替時間だから、お前が次の伝令として行ってくれ」と声をかけてくれた。

6個中隊で編制されている私の部隊は、本部管理中隊を除くすべての中隊から伝令を本部の作戦室に派遣していた。2時間交替で、各中隊に割り当てられる予定の支援内容や、今の状況などを逐一自分の中隊に報告するのだ。

「作戦室で何かあれば教えてくれ」とだけ言われてＡ４サイズのバインダーと白紙のコピー用紙を

渡された。2階にある作戦室に入ると、大きな地図が広げられ、ホワイトボードには時系列に沿ってさまざまな情報が記載されていた。そのなかには東北地震だけではなく、長野で発生した地震の情報についても付け足す形で記されていた。先に入っていた同じ中隊の伝令から必要事項を申し受けて着席する。これまでの情報は前任者が中隊に持ち帰るため、交替直後からの情報を記入していく。とはいえ、全般の情報は逐一更新されるが、自分の中隊に必要な情報はあまりない。

淡々と少ない情報を書き込んでいると、あっという間に時間が経過し、次の伝令が来てくれた。必要なことを申し送ると、メモ帳を持って中隊へと戻った。その情報をもとに、ホワイトボードへと情報を書き込んでいく。2時間遅れの情報なのだが、それでいいのだ。緊急性がある重要な情報があるときは、中隊長や小隊長が直接呼ばれるため、伝令が収集する情報は2時間更新でも問題ない。

「いつ頃出発しそうですか？」そう小隊長に聞くと「たぶん明日か明後日には出発すると思う。給水支援だな」との答え。

ついに出発か！

そう思い「準備します！」というと「お前は行かない」と一言。

「フェッ⁉」

思わず変な声が出てしまった。人間は本当に困惑するとこんな声が出るのか。そのとき、初めて知った。

「お前は今月末から教育がある。今回の派遣はいつ帰ってくるかわからない。だから行かせることはできない」

なるほど。たしかに今月末から約3ヵ月間の英語教育に参加することになっている。先月は教育に参加するための素養試験を受けたばかりだ。

そういえば、日本海軍出身の祖父から話を聞いたことがある。戦時中であっても教育だけは止めないという話だ。

たとえば、その年に100名が教育に参加するとする。もし1年間だけ教育を止めた場合、本来教育を受けるべき100名が翌年に教育を受けることになる。100名の遅れを取り戻すには、仮に毎年の教育者数を10名プラスしたとしても、単純計算で10年かかる。

本土決戦になっても、その年に計画している教育は止めることができないのだ。

小隊長の言う通りだ。それに、私一人が追加で派遣されたところで、そこまで大きく戦力が向上するワケではない。

これについてはすんなりと受け入れることができた。今の自分にできることは、通常通り教育を受け、良好な成績で帰ってくることだ。もしかしたら、広域にわたって被害が及んでいるため、教育が終わって帰ってきても災害派遣に行くチャンスがあるかもしれない。今は教育に向けて準備を進めるだけだ。

出動部隊を見送る
たとえ有事でも教育は止まらず

部隊ではすべての訓練が中止され、災害派遣に全力を投入するような動きになっていた。とはいえ、防衛に備える必要もあるため、派遣規模は防衛に影響のない範囲となる。

東北へ向かう準備を進める仲間の手伝いをしていると、一部が長野県栄村に向かうという。東北ばかりに目が向くが、近所でも震度6強の地震が発生していた。

しかし、自分にできることは、出発する部隊を手伝い見送るだけである。派遣部隊がいつ帰ってくるのかはわからない。誰一人怪我せず無事に帰ってきてほしい。そう願いつつ走り去るトラックを見つめていた。

時は過ぎ、3月末には英語教育を受けるため、静岡県御殿場市へと移動した。

そこには十数名の同期たちが到着していた。みな口々に地震の話や、自分たちの部隊はどこに派遣中だとか話している。そのなかに異質な空気感を持つ3人がいた。彼らは空挺部隊の本拠地である習志野駐屯地から来ている。そう、特殊作戦群の隊員だ。

彼らも任務上、英語など他国の言語を使用するのだ。いろいろと話を聞きたかったが、どのような任務を行っているのかは最後まで話してくれなかった。さすがである。

被災地で慰問を行う音楽隊

それでも、陸上自衛官として必要な「思考過程」についてはいろいろと教えてくれた。話を聞くうちに、特殊作戦群の隊員は体力お化けであるが、それ以上に非常に頭が回るという印象を受けた。

たとえば、自分の言動をすべて説明できるようにするという話は面白かった。

「今、水を飲んだ理由は？　コップの半分まで飲んだのはなぜ？」といった具合だ。日常的に当たり前のように行っていることや、ちょっとした発言なども、すべて対外的に説明できなければならないのだ。

なぜならば、対外的に説明できない言動は、いわば「無意識」であるからだ。無意識で行っていることは、無責任であるという考え方だ。しっかりと責任を持っての行動や発言であれば、必ずその裏には意図がある。目的があるから人は動くことができるというわけだ。

もちろん、普段から意図的に行動していると考える人がほとんどであろう。しかし、それを言語化して対外的に説明できるのかといえば、多くの人ができないだろう。

もし、自分の行動を対外的に明確な言語で説明できるのであれば、その人は信用に値する。それができないのであれば、まだまだ成長の余地があるということだ。

ひと昔前のように「バーっとやっておいて」や「とりあえずコレ」といったような曖昧な表現では現代人には通用しないのである。特に今の若者はそうであろう。何かと理由を欲しがるが、それは教える側がしっかりと言語化して教えることができていないからだ。また、人は過去に自分が受けた指導や教育を基準に物事を推し量る。たった一人の人間の知見など大したことはない。しかし、それに気がつく人は少ない。自分の世界がすべてだからだ。

それではダメなのだ。しっかりと自分の考えを持ち、その理由まで説明できないと、それは単なる命令を受けて動くロボットと同じなのだ。

すでに定年退官された当時の英語教官も同じような考えの持ち主であった。同期学生のなかにはそんなことは関係ないと、まったく意に介していない者もいたが、なんとももったいないことである。

教育終了間近に聞いた災害派遣終了

災害派遣に行くことはなかったが、見方を変えれば、この教育に参加することができて私は非常に幸せだったといえるだろう。なぜなら、この考え方は今の私の基礎となったからだ。おそらく、災害派遣に参加していたら、ここまで考え方が変わることもなかっただろう。

そういう私も、当時は具体的に自分の何が変わったのか完全には理解していなかった。ただ、当時は非常に興味深い話だと思って聞いていただけである。それが、時を経るごとに理解が深まっていった。実生活のなかで「ダメな例」に気がつくことができたからだ。

非常に面白くタメになった教育も残り1週間となったとき、帰りのトラックの到着時間に関する調整の電話が来た。修了式の時間を伝えたあとに「災害派遣はどうですか？」と尋ねたところ、自分の部隊の派遣はまもなく終了するという。

東北に行くチャンスはこれでなくなったが、機会があれば休暇を使って行ってみようと思った。ただし、今のタイミングは復興の邪魔になるかもしれない。いつになるかわからないが、東北の海鮮でも食べながら地酒を楽しみたい。これが近い将来の目標となった。

コラム ⑤

災害派遣中の自衛官の権限

今でこそ、災害派遣に従事する自衛官には、警察官職務執行法や、災害対策基本法に則って、ある程度の権限が付与されている。しかし、最初からそうだったワケではなく、自衛隊創設からしばらくは、ほぼ何も権限がない状態での救援活動を強いられていた過去がある。

これでは救える命も救えないとして大きな問題になった。その契機となったのが、1995（平成7）年の阪神淡路大震災だ。最大震度7を記録した大規模な地震で、東北から九州まで揺れを観測するほどであった。のちの災害派遣に大きく影響することとなった教訓として「自衛隊の災害派遣に係る要請の簡略化」と「現地の自衛官が人命救助や障害物の除去等のために必要な措置を取れるよう、災害応急対策のために必要な権限を法律上明記すべき」ということが得られた。そこで制定されたのが、自衛隊法第94条「災害派遣時等の権限」だ。

災害現場では往々にして警察官がその場にいないことがある。現場の警察官は応急対応でてんてこ舞いであり、応援に来る広域緊急援助隊などの到着を待っていることができない場合もある。さらにいえば、そもそも陸自駐屯地はほぼ全国に展開しており、所在人員も多いため、初動段階では警察官よりも動員できる人員の分母が大きい。そのため、現場で活動する自衛官にある程度の権限を与えているのが、この自衛隊法第94条なのである。

具体的な内容は、警察官職務執行法の「住民の避難措置」、「他人の土地や建物への立入」となるが、これらの権限を行使できるのは「警察官がその場にいない限り」との条件が付与されている。

これ以外にも、各自治体との取り決めである防災計画等には以下の記述がある。

「災害派遣を命ぜられた部隊等の自衛官は、災害が発生し、又はまさに発生しようとしている場合は、町長等、警察官がその場にいない場合に限り、次の措置をとることができる」

1　警戒区域の設定並びにそれに基づく立入制限・禁止及び退去命令
2　他人の土地等の一時使用等
3　現場の被災工作物等の除去等
4　住民等を応急措置の業務に従事させること

このなかの4に記載された「住民等を応急措置の業務に従事させること」については、当然ながら強制ではなく、あくまでも任意の協力だ。具体的なシーンとしては、水防活動などによる土嚢《どのう》運搬などが想定されるであろう。

なお、この活動中に協力していた住民が怪我をしたり死亡してしまった場合には、自衛隊ではなく自治体が補償することになっている。

さらには、災害対策基本法第76条の3 第3項に定められた「応急措置等」で規定されている「自衛隊用緊急通行車両の通行」と「円滑な通行」を実現するため、通行禁止区域等において、車両や他の物件が緊急通行車両の妨害となり、災害応急対策の実行に著しい支障が生じる恐れがあると認められる場合には、その所有者に対して車両や物件の移動を要請することができる。

また、その車両や物件の所有者がその場におらず、警察官もいない場合には、自衛官の判断によって、やむを得ない程度において、その車両や物件を破壊することもできる。

コラム⑥ 部隊増援や部隊交替

通常、自衛隊の各部隊には担当すべき警備隊区が設定されている。そのため、災害が発生した場合には、まずは担当部隊が動き出すのだが、その災害の規模が大きいと予想された場合には、増援部隊が送られることがある。

たとえば南海トラフ地震が発生した場合、発生地点によって動きは若干異なるものの、各地に点在する部隊の前進目標（目的地）が定められている。関東南部でいえば富士・滝ヶ原・板妻・駒門などの各駐屯地、関西であれば今津・八尾などの駐屯地だ。これらの駐屯地が前進目標となるため、主に北海道や東北などの部隊が目指してくる。

また、激震が想定されている南海トラフ地震などの場合、被災地のインフラも大きなダメージを受けるであろう。その影響で、災害派遣の要請権者である都道府県知事などと連絡が取れないことも考えられる。そのため、自衛隊の指定されている部隊長などは、要請がなくても部隊を派遣することができるように定めれている。これを自主派遣と呼ぶが、実際にこの自主派遣は頻繁に行われている。

２０１６（平成28）年に発生した熊本地震では、全国からの増援部隊が熊本に集中した。このなかには自主派遣した部隊も多いものの、のちの派遣要請によって通常の災害派遣へと切り替えて活動することになる。

増援を呼ぶ基準はあるものの、各地の部隊がほぼ同時に動き出すため、イメージとしては自動的に増援が送られてくるといえば理解しやすいかもしれない。

では、こうした増援部隊は誰が指揮するのだろうか。

これが南海トラフ地震であれば、防衛大臣を一元的に補佐する統合幕僚長が陸海空の各部隊を統括するかと思えば、実はそうではない。

防衛大臣の指揮下には、「災南海統合任務部隊」が編成され、これの長は、関東甲信越および静岡県を受け持つ東部方面隊の長である東部方面総監となる。その配下に陸自の各方面部隊や、「海災南海部隊」として自衛艦隊司令官、「空災南海部隊」として航空総隊司令官がそれぞれ配置されるのだ。

つまり、統合幕僚長は、統合任務部隊（ＪＴＦ）長

熱海市伊豆山土石流の現場で、日没後も情報確認や各所への連絡などが行われている様子。密な連絡によって大部隊の活動が支えられている

と防衛大臣の橋渡し役であり、大臣に対して専門的な助言を行う立場にあるといえるだろう。

さらに、2011(平成23)年の東日本大震災で注目された日米共同救助作戦である「トモダチ作戦」でも見られたように、日米間での連絡調整を行う「日米調整所」などが立ち上げられるとともに、現場レベルで協議を行う複数の「災日米調整所」も作られる。

なお、ここでいう各「災」部隊とは、災害派遣用に編成された部隊のことを指している。

たとえ日本の存続を揺るがすような大災害が発生しても、自衛隊の任務は国の平和と安全を守ることである。そのため、大規模災害が発生したからといって、すべての部隊を投入するわけではなく、通常時から行っている防衛・警備等への対処能力を維持するための要員は残しつつ、それ以外の隊員を最大限派遣することになるのだ。

ちなみに、各部隊が自主派遣により部隊を前進させると書いたが、これには一部の弊害もある。その例として、被災地に到着しても支援活動がないといったことや、被災地に十分な受け入れスペースがないといった問題が挙げられる。日々の支援内容は前日の会議によって決定されるため、派遣部隊の調整担当は仕事の取り合いをすることもあるという。

自治体の処理能力を超えた部隊の派遣や、いわばフライングスタートをした部隊が多いともいえるが、逆に派遣が遅れたために、人手が足りなくなることも想定されるため、この場合は「ないよりはあったほうがいい」と考えるべきであろう。

さらにいえば、自衛官といえど同じ人間であるため、長期間連続しての活動には限界がある。そのため、手持無沙汰な部隊と交替することで、戦力を維持した状態、つまり長期にわたる支援活動にあたることができるのだ。

第４章

熊本地震

2016（平成28）年４月14日21時26分

熊本地震・災害概要

九州地方で初めて震度7を記録したのがこの熊本地震だ。2016（平成28）年4月14日の夜と4月16日の未明に発生し、当初は14日の地震が本震と考えられていたが、モーメント・マグニチュードを解析した結果、14日の揺れは前震で16日の揺れが本震であることが判明した。ただ、この2つの揺れは異なるメカニズムであるため、それぞれを独立した地震活動であるとする声もある。

なお、この地震で観測した計測震度6・7は、東日本大震災での計測震度6・6を上回ったため、国内観測史上最大の揺れであったとともに、気象庁マグニチュード7・3を記録した。これは阪神淡路大震災と同規模であることを示している。

熊本地震では、最大震度7を2回、震度6強を2回、震

横揺れは家屋を大きく揺さぶり続けるため、耐えられなくなった家屋は倒壊していく

度6弱を4回、震度5強を5回、震度5弱を14回と、計27回の大きな揺れが発生した。

この地震の影響で、死者は273名、負傷者2809名、避難者数は最大で約9万6000名となった。

自衛隊はすぐさま部隊を派遣。情報収集活動を行うほか、人命救助活動や生活支援に携わった。なかでも、物資の輸送に大きく貢献しており、関係団体や事業者などから提供された食品を物流業者と連携して避難所などに運び込んだ。また、自衛隊が備蓄している食料は、米海兵隊のオスプレイに支援を依頼し、阿蘇地方に運び込んでいる。

食料品以外の支援物資に関しても、民間輸送業者と連携して各地に運び込むなど、いわゆるプッシュ型支援を展開した。

プッシュ型支援とは、被災地からの要望を待つことなく、政府や関係省庁が物資を送り込む支援方式で、熊本地震が初の適用であった。

大きな揺れの影響で山体が大きく崩壊している場所もあった

プッシュ型支援のポイントは、被災者に対して迅速に支援を行うことだ。被災自治体において正確な情報把握に時間を要すること、また被災自治体は物資の調達が困難であることなどが理由で生じる支援の遅れを解消する。

これには過去の震災教訓が活用されており、物資をなんでも闇雲に送るのではなく、過去に避難所で必要とされた物資をリスト化しているため、送られてきて困るという物はないという。

文化財の被害も大きく、熊本県民のシンボルでもある熊本城の被害は甚大であった。2025（令和7）年1月現在も修復中である。

自衛隊の活動

4月14日、発災から約14分後となる22時40分には、熊本県知事から第8師団長に対する災害派遣要請を受け活動を開始。4月16日01時25分頃に発生した地震に対しては、02

大きく破損した道路。救援に向かいたくても、これでは近寄ることができない

熊本地震 DATE

■発生状況（気象庁発表）

2016年4月14日及び4月16日
震源地　熊本県熊本地方
震源の深さ　約11km及び約12km
規模　マグニチュード6.5及び7.3
最大震度　震度7

■被害状況

死者　273名
行方不明者　0名
重軽傷者　2809名
全壊家屋　8667棟
半壊家屋　3万4719棟
停電　最大約47万7000戸
断水　最大約44万6000戸
ガス停止　最大10万戸以上
避難者　最大約9万6000名

■自衛隊の派遣規模（延べ数）

派遣人員数　約81万4000名
艦艇　300隻
航空機　2618機

熊本地震（本震）の震度分布図

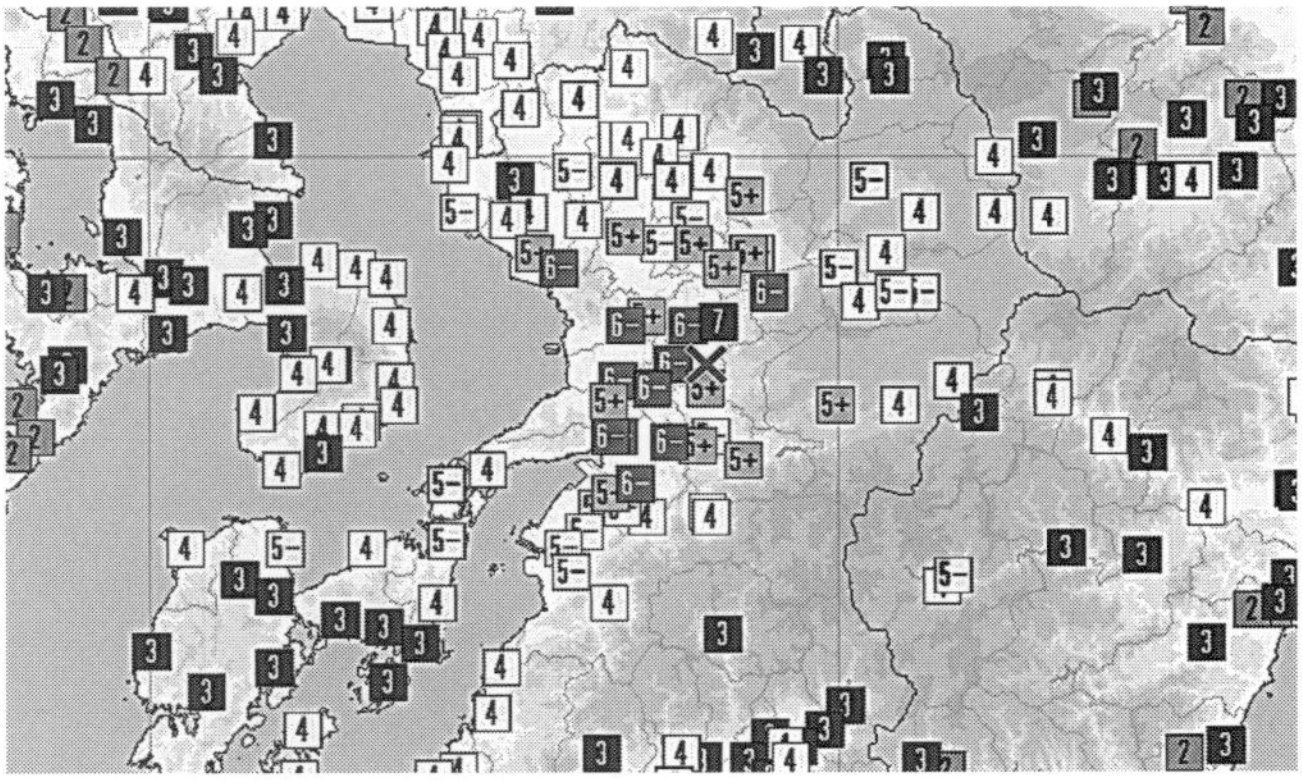

×印が震源。数字は震度、＋は強、－は弱を表す

時36分頃に大分県知事が西部方面特科隊長に災害派遣要請を実施している。

これらの要請を受け4月16日から5月9日までの間、西部方面総監を指揮官とする統合任務部隊を編成した自衛隊は、陸海空合わせて最大約2万6000名態勢での災害派遣活動を開始した。

主な活動内容は、人命救助、行方不明者捜索、患者輸送、人員輸送、道路啓開、物資輸送、給食支援、給水支援、入浴支援、天幕支援、医療支援、瓦礫等の搬出、エコノミークラス症候群対策など。また、民間チャーター船である「はくおう」が休養施設として活用された。

大地震で脱線した鉄道。大災害では人々の移動手段も限定されていく

災害派遣取材記　単独取材で感じた避難所格差

除隊後初の災害派遣取材　とりあえず被災地へ

紆余曲折あり、陸上自衛官を退職して２年が経過した。東京都新宿区に引っ越して本格的なカメラマン兼ライターを始めてから約１年になる。自宅でテレビを見ていると、緊急地震速報が流れてきた。

〝熊本県で大きな揺れ〟

熊本県の益子町で震度７の揺れを観測したという。震度７といえば、東日本大震災のときと同じだ。幸いにも内陸部が震源だったため、津波は発生しなかったが、それでも物凄い揺れであっただろう。その約２時間30分後にまた大きな地震があった。あとからわかったことだが、これは本震の前の揺れだったそうだ。

そして16日の午前１時25分頃、本震となる震度７の地震が発生。この揺れは長周期地震となって関東でも震度１を観測するという非常に強い揺れであった。

これは現地に行く必要があるだろう。そう判断すると、すぐにネットで航空券の手配を開始した。幸いにも福岡空港は動いている。続いてレンタカーも手配しなければならない。持ち物を確認し、すべてが揃っていることを確認すると、しばらくはテレビやネットでの情報収集をするしかない。どこに行くべきか。被害が大きかった阿蘇に向かおう。そこには、多くの自衛隊の派遣部隊がいるだろう。

そこで、ふと現役時代の仲間に聞いてみようと思いついた。忙しいかもしれないので、電話ではなくメールを送る。そうすれば、手が空いたときに返事をくれるだろう。クローズドだったSNSにも熊本行きを投稿する。もしかしたら、何かしらの情報が得られるかもしれない。

すると、数名の友人から連絡が入った。

「阿蘇までの前進は可能。一部は通行止めになっているので、迂回する必要がある」

なるほど。さすが現地からの情報はありがたい。

出発当日、羽田空港まではいつもと変わらぬ風景であった。

福岡空港に到着しても、特に地震の影響はなさそうに感じた。というより、何の影響もないのだろう。いたって平和な日常の時間が流れている。しかし、私はこれから単身被災地へと向かう。これまで経験した災害派遣は自衛隊の部隊として行動していた。だが、今回は誰に頼ることはない。すべて自力、自己責任だ。

帰りの航空券は3日後なので、最低でも2日間以上の自活用品が必要になる。ガスボンベは機内持ち込み不可だが現地調達可能だ。そのため、バーナーヘッドだけ持ってきた。このほかにも食材、水、

各地から集められた支援物資。ここから各避難所までトラックで運ばれていく

衛生用品などが必要だろう。近くに宿はないため、車中泊をするしかない。となると、毛布も必要だ。

レンタカーを借りて福岡県内を走っていると、激安がウリの量販店を見つけた。ここならなんでも揃う。案の定、すべての生活物資が揃った。これで誰にも頼ることなく阿蘇まで行ける。

元同僚たちが活動する現場へ 後輩から聞く衝撃の言葉

高速道路に乗りしばらく走ると通行止めの案内があった。被災地はすぐそこだ。阿蘇に入り周囲を観察していると、見覚えのある部隊番号を発見した。同じ部隊の知り合いに連絡すると、ちょうど本人が阿蘇に来ているとのこと。

これはタイミングがいい。

給水支援を行っている現場で待ち合わせ、給水活動について少し話を聞いた。

「断水が続く以上は活動を続ける必要がある。水場はＪＡさんから供給してもらっているため困らないが、我々の活動がいつ終わるのかはわからない」

いろいろと話していると、共通の知り合いも来ていることがわかった。彼は優秀な後輩なのだが、少しお調子者でもある。それがいいところでもあり、友達は多い。

その彼に連絡を取ると、少し離れたキャンプ場にいるという。キャンプ場？と思ったが、たしかに言われてみれば自衛隊の宿営はキャンプのようなものだ。キャンプ場であれば駐車スペースもあるし、トイレもある。ということはしばらくの間の拠点としてはいい環境だ。

なるほど、と思いキャンプ場の名前を聞くと車で20分ほど走った場所にあるらしい。電話越しでも「暇なんです」と言われたため、多めに買っておいたお菓子を差し入れしてあげようと思った。彼の分隊には何人いるのか聞いていたため、人数分のお菓子を用意する。とはいえ、そこまで多くはない。

キャンプ場に到着したことを電話で告げると、入口まで来てくれた。久しぶりに会うが、何も変わっていない。少し派遣疲れしているような表情だが、相変わらず元気そうだ。

レジ袋２つ分のお菓子を手渡すと、いたく喜んでくれた。

詳しい活動状況を聞くと、実は現地入りしてからほとんど何もしていないという。

すでに発災から数日が経過し、被災地入りしてからもかなり時間が経過している。それでも、支援活動には参加できていないという。

どうやら、発災後すぐに自主派遣という形で熊本まで2日間かけて移動してきたが、想定していたよりも多くの部隊が支援に訪れたため、仕事がないようだ。給水作業も取り合い状態で、待機を命ぜられた部隊は何もせずに天幕の中で過ごしているという。

食事は準備してきているが、コンビニやスーパーなどに買い出しに行くことはできない。物流が滞っている環境で、自衛官が大量に購入してしまうと、地元被災者の分がなくなってしまうからだ。

そのため、私が福岡で準備したお菓子の差し入れはとても嬉しかったという。特に歯ごたえがあるポテトチップスや煎餅などが好評であった。供給される食事はレトルト食品しかないため、歯ごたえがある食品を欲していたのである。また、甘い物は疲れとストレスを緩和してくれるが、支給される食品には含まれていない。あったとしても、シリアルバー程度であるため、これも喜ばれた。

「これだけ待機が長いと何しに来ているかわかりませんね」という彼は、自身の後輩のことを気にかけていた。まったく活動がないため、ストレスが溜まっているという。6人用の宿営天幕に4名がベッドを並べて生活しているため、そこまでいい環境とはいえない。活動していればまだましだが、24時間ずっとそこにいるとなると、相当なストレスだろう。

しかし、仕事がないのだ。かと思えば散発的に小規模な給水支援などが入るため、気が抜けないという。

いろいろと話すのもストレスの解消になるだろう。そう思い、頷きながら彼の話をずっと聞いていた。話のなかで、私の現役時代の原隊を見たという話題になった。どうやら近くにある別のキャンプ場にいるらしい。

後輩との話を終え、原隊の同期に連絡してみると「近くにいるよ」とのことであった。すでに日は暮れているが、行ってみよう。５分ほど運転すると目的地である次のキャンプ場に到着した。そこで入隊からずっと一緒だった同期と再会することができた。

車の後部座席から袋一杯のお菓子を差し入れとして渡すと、こちらも非常に喜んでくれた。先ほどの後輩君と状況は同じで、すぐに駐屯地を出発したはいいが、来ても待機命令だけで何もしていないという。

道路啓開用に重機も持ってきたが、他の部隊や地元の建設業者が啓開作業をしているため、出番がない。それでも貴重な重機を持ってきたため、帰ることはできず、ただひたすら待機しているのだそうだ。


ここでもいろいろと話を聞いた。もっと聞きたかったが、もう日は暮れ真っ暗だ。土地勘がないため、早めに今日の寝床を探す必要もある。名残惜しいが、話をそこそこにして切り上げることにした。

さて、どこに行こうか。とりあえず、自衛隊車両が多く停まっていた陸上競技場に行ってみることにした。すると、なんという偶然か。そこに展開していた部隊は、即応予備自衛官でお世話になっていた小隊長がいる部隊であった。

その小隊長は最近転属したばかりで、行先の部隊名も聞いていた。その部隊がいたのである。

給水よりも排水場所が重要なお風呂。自治体との調整で設置場所が決められる

小隊長に電話すると「久しぶりだねぇ」と応えてくれた。近くにいることを話すと「今からそっちに行くね」と電話を切った。しばらくすると小隊長が私のほうに歩いてきてくれた。数ヵ月ぶりの再開である。

事情を話すと、とりあえず今夜はこの場所に車を停めさせてもらえることになった。礼を言って明日の朝に撮影させてほしいことを伝えると、広報担当者に連絡してくれるとのこと。ありがたい限りである。

とりあえず安心できる場所を確保することができた。時間は21時を過ぎている。そういえば、朝にパンを食べてから何も食べていない。この日は移動と挨拶ばかりだったため、昼食を食べるタイミングを逸していたのだ。持参したバーナーを展開し、お湯を沸かしてカップラーメンの準備を始める。

一つ食べ終わってある程度空腹が満たされると、安堵したのか急に眠くなってきた。しかし、しばらくぶりの食事で火がついたのか、強烈な食欲も湧いてきた。

「もう一個食べよう」

そう思うが早いか、2個めのカップラーメンに手が伸び、お湯を入れていた。短い時間で2個のカップラーメンを完食したため、お腹ははち切れそうだった。残り汁をその辺に捨てるわけにもいかないため、すべて飲み干した。ゴミを袋にまとめて車に入れると、暗い夜空を眺めながら歯を磨き始める。

今日の出来事を思い出しつつふと空を見上げると、そこには停電の影響か、普段は見えないような星まで見える満天の星空が広がっていた。

たまたま立ち寄った最前線そこで聞いた被災者の声

翌日、トラックのエンジン音で目が覚めると、すでに朝の8時を過ぎていた。相当疲れていたのだろう。ぐっすりと眠ることができた。

昨日会った小隊長に連絡すると、今日中に航空自衛隊のCH－47が支援物資を持ってくるらしい。それはありがたいと撮影させてもらうことにした。

時間があるので、その他の避難所などを巡ることを伝え、いったん競技場から離れることにした。あらかじめ避難所の場所を聞かなくても、主要な道路を走っていると避難所となっている公民館やコミュニティセンターなどが目に入る。特に何も連絡はしていないが、立ち寄ってみると大抵自衛隊が活動している。

ボランティアで避難所を運営している方に声をかけ、事情を説明すると快諾してくれたため、避難している方にお話を伺うことができた。

そこで話してもらえたのが「この様子を撮影して報道してほしい」ということだった。遠方から来た私を迎えてくれたのは、この悲惨な状態を発信してほしい。そしてより支援を受けられるようにしてほしい。さらには、熊本を忘れないでほしいという気持ちだそうだ。そういった話を聞きつつ、避難所生活を見せてもらうと、たしかに悲惨な状態であった。

断水しているためトイレは使えず、トイレ周辺には悪臭が漂っていた。当然シャワーなども使えないため、自衛隊のお風呂に頼ることになる。しかし、足腰が弱いお年寄りなどは立ち上がることすら一苦労なため、体を綺麗にすることもできない。大地震の影響で精神的に弱くなると、体の免疫も弱まる。それによって避難所に風邪が蔓延して衛生環境はさらに悪化する。食事や飲料水は支援してもらえるが、それ以外の支援は乏しい。

実はこの状況は避難所によって異なるものだった。

大きめの避難所であれば、多くの避難者のためと支援が集まる一方、小さな避難所には支援が届いていない印象を受けた。これは熊本県だけのことではない。ほかの被災地でも同じ状況なのだ。小さい避難所は最低限の物資しかなく、補給なども途絶え気味である。あくまでも最低限の生活を維持することができるレベルだ。それでも、自宅が倒壊して戻ることができない被災者からは、風雨が凌げる場所である。

この避難所の環境が嫌で自家用車に寝泊りする被災者も多かった。それでも、トイレや食事などの問題に直面するため、自家用車はあくまでもプライベートな空間を確保するというだけに留まる。もちろん、プライベートな空間を確保することは重要だが、長時間にわたって自家用車に閉じこもっていると、姿勢を変えることが難しくなり、エコノミークラス症候群になってしまう可能性がある。

そのため、健康相談や医療支援を行う避難所もあったが、すべての避難所でそれが行われているわけではなかった。また、避難所を運営しているボランティアの方も被災者であるため、彼らに対するメンタルヘルスケアも重要になるだろう。

私にできることは、前途多難で不安が大きい避難所生活の現実を伝え、遊ぶことすらできない子供たちにお菓子を与えるだけである。もちろん、お菓子を与える前に、保護者の同意は得ている。でないと、私が不審者扱いされてしまう。

この不審者も被災地においては無視できない問題なのだ。実際に東日本大震災でも火事場泥棒による被害が目立った。熊本も例外ではない。そのため、倒壊した家屋が荒らされないように、自宅の敷地内にテントを貼って見張っている被災者もいたという。

大きな避難所ほど人が集まり物資も多く集まる。それゆえに公衆衛生は悪化しやすいという

自治体が準備した支援物資を仕分ける自衛官。自衛隊は自治体のマンパワー不足を補う

被災地のリアルはあまりにも過酷で、悲惨なのだ。

それでも、将来ある子供たちの笑顔を見ると、救われる気持ちになると被災者の方は語ってくれた。

次の予定があるため、その場を離れなければならない私は、レジ袋一杯のお菓子をその方に預けた。子供たちに笑顔が戻るように、このお菓子を与えてほしい。そう伝えると「ありがとう」とレジ袋を受け取ってくれた。

被害の大きい南阿蘇へ 自衛官のときには感じなかった恐怖

「そろそろヘリが降りてくるよ」

そう電話で連絡をくれたのは地元部隊の小隊長だ。わかりましたと告げ電話を切ると、今朝までお邪魔していた競技場へと戻った。

小隊長と合流して待機していると、聞きなれた音が聞こえてきた。空自のCH－47がグラウンドに着陸すると、手際よく物資が降ろされていった。降ろした物資は一度集積し、各避難所別に選別してからトラックに積載されるという。一連の活動を撮影させてもらい、この場所での撮影を終えると小隊長に礼を言ってから現場を離れた。

次の目的地は阿蘇の南側だ。数日前に米軍のオスプレイが物資を運んできたと報道されていた。どのような場所なのか見てみたい。もしタイミングがよければオスプレイの第２便を撮影できるかもしれない。そう思い、南阿蘇までのルートを確認することにした。

阿蘇の西側は通行止めとなっていた。かなり被害が大きかったのであろう。阿蘇大橋が崩落して大学生が行方不明だとも聞く。こちらは近寄らないほうがよさそうだ。であれば阿蘇の東側を回るしかない。遠回りだが、今通じている道はこれだけだ。

出発しようとしたが、疲れが溜まっていた。少し休みたい、そう思い比較的大きな避難所になっている学校へと向かった。駐車場の片隅に車を停め、避難所の様子を伺いに行く。ちょうど夕食となる炊き出しの最中であった。ここでも自衛官が食事の準備をしている。避難者の数も多く、支援物資も多く届いているようだ。

「これが避難所格差か」

そう思いながら、車に戻り体を休めた。

翌日、車の天井を叩く雨音で目が覚めた。動こうとしても、寝返りが打てなかった体はガチガチに固まっていた。さらに夜は冷え込むため、余計だった。寒さは感じなかったが、体は固まっている。ゆっくりと体を動かし徐々に体を起こしていく。

できれば外で軽く体操でもしたいが、あいにくの雨だ。わざわざ濡れることもないだろう。とはいえ、トイレには行きたい。この避難所には仮設トイレがあったため、お借りすることにしよう。結局、雨に打たれて濡れることになった。

お世話になった避難所を出発し、一路南阿蘇へと車を走らせる。ドンドン雨脚は強まっていき、視界も悪くなってきた。国道265号は片側1車線の長い道だ。阿蘇山を約半周できるこの道は山間部を抜けるため直線が少ない。阿蘇山側は高く、道路の東側は傾斜になって落ちている。時折視界が開けると、雄大な阿蘇山が――見えない……。天気は時間を追うごとに悪化している。

阿蘇山側の斜面からは茶色い大量の水が流れ出ている。これは危険なサインだ。綺麗な水が流れ出ている分には問題ないが、濁った水が流れるのは良くない。地面の土を流水が押し流している証拠だ。つまり、これまで水が通っていなかった場所や、流れが少なかった場所に大量の水が流れ込んでいることを示している。いつかはわからないが、そう遠くない時期に土砂崩れや土石流が発生する可能性がある。

このとき、人生で初めて強烈な恐怖に襲われた。

今までの災害派遣は現役自衛官として行動していた。つまり、単独行動ではなく、必ず誰かと一緒だったのだ。車での移動もそうだ。一台で移動することもあるが、基本的には数台で列になって移動していた。仮に土砂崩れに巻き込まれても前後を走る車が気づいて救援を依頼してくれる。たとえ一台で走っていても、到着予定時刻を過ぎていれば捜索に入る。

今回は自衛官として災害派遣に参加しているワケではなく、単独で取材に入っているだけだ。私が今どこにいて、何をしていて、どこに向かっているのか。それを知っているのは私だけだ。

登山届を出さずに単独登山しているような感じだろう。慣れている人や恐怖を感じない人であれば気にもしないだろうが、それで命を落としている人はたくさんいる。登山ルートや予定時刻を記した登山届があれば助かった命は少なくないはずだ。

仮に今、土砂崩れに巻き込まれたとしよう。国道を走っているため、巻き込まれた車や人がいないかは調べるだろう。しかし、その捜索がいつ始まるのかは不明だ。車ごと流され、そのまま土砂に埋まってしまえば数時間、いや数日は発見されないだろう。レンタカーが返却されないと会社から家族に連絡は入るかもしれないが、どこに向かったのかは誰も知らない。土砂ごと谷底に流れてしまえば、車が地上に露出しない限り見つけることは困難だろう。

いきなり巻き込まれなくとも、流されてきた、あるいは落ちてきた石を踏んでタイヤがパンクしてしまっても誰も助けには来てはくれない。スペアタイヤが積んであれば換えることはできるが、最近のレンタカーにはパンク修理キットが乗っているだけの場合も多い。小さな穴であれば直せるが、大きく裂けてしまった場合はどうしようもない。立ち往生してしまっては、いつ土砂に流されるか時間の問題になるだろう。

運転しながらそう考えていると、不安で不安で仕方なかった。

そのときだった。スマホに着信の通知が入った。ハンズフリーで通話を開始すると、現役のときの教育で一緒だった先輩からだった。

「ＳＮＳ見たけど、阿蘇に来てるの？」

なんというタイミングだろうか。彼は南阿蘇に展開していたのだ。

「こっち来る？　気を付けてね。着いたら教えて」

と、言葉少なめに会話して電話を切った。


当初の目的地だった南阿蘇村役場に到着すると、多くの報道陣が待機していた。そして消防や警察、インフラ関係の企業の車も多く停まっている。つまり、ここが南阿蘇の災害対策本部なのであろう。先ほど電話をくれた同期に連絡すると、役場の入口まで来てくれた。食べる予定がないカップラーメンを手渡すと「おー！　いいの？　ありがとう」と笑顔で受け取った。

しばらく立ち話をしていると、「今日は何もないよ。雨がすごいからヘリも来ない。このあと、さらに酷くなる予報だから、道路が通行止めになる前にここから離れたほうがいい」とアドバイスを受けた。たしかにそうだ。雨脚は先ほどよりも酷くなっている。

帰りの航空券やレンタカーの返却などがあるため、ここで足止めされたら大変だ。礼を言うと足早に役場を後にした。

役場から少し南下すると、道の駅があった。トイレと、せっかくなので何か買おうとしたのだが、広場に多くのテントが並んでいるのも見えた。

この道の駅には国内のアウトドアブランドが入っている。近寄るとお店がアウトドア義援隊となって、テントや寝袋などを貸し出しているという。詳しくお話を聞くために店内に入ると、お客さんは

道の駅に出来た緊急の生活支援場所。民間企業が貸し出した色とりどりのテントが並ぶ

誰もいない。店員さんに事情を説明すると、快く倉庫となっているレンタル受付スペースを見せてくれた。そこには、救援物資として大量のテントと寝袋などが積まれており、いつでも貸し出せるようになっていた。

これらの商品は、全国にある店舗から送ってもらったモノらしく、民間企業もできる限りの支援をしていたのである。そこでも撮影させてもらったお礼を言ってから来た道を戻り阿蘇の北側まで抜けることができた。

ここまで来たのだから熊本城にも行こうか。とはいえ、熊本市内は渋滞が酷い。あえて、このタイミングで行くこともないだろう。実は一口熊本城主でもあるため、立ち寄りたい気持ちが強かったが、今はそのときではないと判断し、福岡空港まで車を走らせた。

コラム 7

情報収集のための偵察活動

大規模な災害が発生した場合、まず自衛隊が行うことは偵察活動である。

ここでいう偵察活動とは、自衛隊が作戦を実行するために行う偵察活動能力を転用したもので、普段の活動において培ったノウハウを発揮している。この偵察活動を行うのは、全国で災害に備えているファスト・フォース（コラム4参照）である。

偵察部隊が必要な理由は、被災地の「今」を知ることで、適切な場所に適切な規模の部隊を送り込むことができるからだ。

たとえば、真っ先に被災地に到着するのは航空自衛隊の戦闘機となる。

2024（令和6）年1月1日に発生した能登半島地震では、16時10分頃に発生した最大震度7の地震に対して、約20分後となる16時30分以降に、北海道の千歳市に所在する航空自衛隊第2航空団のF－15戦闘機が偵察活動を開始している。

これは対領空侵犯措置で待機していた戦闘機を任務転用して自主派遣したものであり、当然のことながら対領空侵犯措置のために装備しているミサイルなどを搭載した状態だ。

被災地に到達した戦闘機は、まず上空を旋回し、火災の発生状況や津波、土砂崩れなどの普段と異なる状況を確認していく。夜間であれば火災発生箇所はより見やすくなり、停電している地域も特定できる。

海上自衛隊のP－1哨戒機なども被災地に向かい、乗員が持つ望遠カメラなどでより細かい

胆振東部地震の際、偵察のため百里基地から千歳基地に飛来した空自のF-4戦闘機

被災状況の偵察を行う。

こうした固定翼機は比較的高高度を飛行するため、広域の上空偵察には向いているが、低空での偵察活動には不向きだ。その範囲をカバーするため、陸海空のヘリコプターが被災地上空を低空で飛行する。とはいえ、この段階ではまだ正式な災害派遣要請を受けているワケではないので、航空法に則って規定高度を下回らないように飛行する必要がある。

災害派遣要請が掛かれば、この航空法は適用除外となるため、規定高度以下での飛行が可能になる。都道府県知事などの要請権者は、速やかに災害派遣要請をしたほうが、より詳細な被災地の様子を把握することができるだろう。

上空からの偵察活動が行われているなかで、地上部隊も被災現場に移動を始める。これは陸上自衛隊部隊が主に行うもので、規模としても陸自が最大となる。

偵察内容は、被災地までの経路、迂回路、トンネルや橋梁などの状態、天候、気温、部隊の集結地域の状況、そして被災地の被災状況など多岐にわたる。

このように、一口に偵察といっても実は多くの要素を見なければならない。情報が多いほど、後続となる本隊をスムーズに誘導することができるのだ。

また、偵察員が見た様子から、それほど被害が大きくないと判断されれば、災害派遣の三要素（コラム②参照）を満たさないと知事などが判断する可能性もあるため、現地に向かい直接確認することは重要である。

これらの活動が発災直後に行われる自衛隊の偵察である。

空自が持つドローンも偵察活動に導入される。
熱海市伊豆山土石流災害でも使用された

コラム8 時間との勝負　人命救助活動

被災地では自治体の消防や警察などがすでに活動していることが多い。つまり、自治体の自助力が発揮されているのだが、大規模災害となれば自治体の自助力では足りないことも考えられる。そのため、自衛隊の部隊は主任務である国防に影響を与えない範囲で部隊を派遣し、偵察を行う。そして偵察のあとに行われるのが、人命救助活動だ。

人命救助活動は、一刻を争う。土砂や倒壊した建物内に閉じ込められている場合、酸素の供給があればしばらくは大丈夫だが、出血が酷かったり、ショックを受けていれば迅速な救助が必要になる。

一般的に、発災から72時間がタイムリミットといわれ、それ以降の生存率は低い数値となっている。しかし、呼吸ができて水分を摂取できる環境であれば、生存日数は延びるため、この時間が過ぎても諦めてはならない。

1995（平成7）年1月17日に発生した阪神淡路大震災でのエピソードとして、倒壊した建屋から助けを求める声が聞えたが、ほかの任務中であるため救助することができず、あとになって戻ってみたら、もう声は聞こえなくなっていた、という話を聞いたことがある。こうした事態をなくし、救助を求める被災者を全員助け出すべく、自衛隊の人命救助活動はより柔軟な動きができるようになったといわれている。

特に航空機を使用したホイスト（荷を上げ下げする機械）による救助や、洪水時の渡河ボートを使用した救助など、自衛隊が持つ装備をフ

ホイストの引き上げを補助する隊員。ホイストはクレーンのような装置で、ワイヤーを巻き取って人や物を吊り上げることができる

ルに活用した人命救助活動は顕著な効果を挙げており、今後もこうした活動が国民から期待されているのは間違いない。

ただ、複数の調整窓口による要請相談の煩雑化という問題も存在していた。

たとえば、発災直後などで統合任務部隊が編成される前は、陸海空自衛隊がそれぞれで活動していたため、陸上自衛隊の連絡官にヘリコプターでの救助要請をしても、その空域は航空自衛隊が担当していたなどということもあっただろう。となると、自治体の防災担当者は再度航空自衛隊の連絡官に調整せねばならず、一刻を争う人命救助の場面なのに、なかなか自衛隊に要請できない状態が続いたりした。

こうした状況を踏まえ、防衛省・自衛隊は、2021（令和3）年9月から、地震等の発生時における、自衛隊の部隊等の情報収集に関する統合幕僚長通達を改正している。

具体的にいえば、陸海空の複数の部隊がいる場合でも、収集された情報や部隊への調整依頼などの情報は、すべて方面総監等に一元化されるようになった。今後はこのような調整手続きで自治体担当者が迷うようなことはなくなるであろう。

実際、自治体職員からすれば、自衛官は自衛官であり、陸海空の指揮系統の違いによる縦割りになんて構っていられないのだ。

第５章

胆振東部地震

2018（平成30）年９月６日３時７分

胆振東部地震・災害概要

北海道胆振《いぶり》地方を震源としたこの地震は、北海道での観測史上初となる震度7を記録し、震源から遠く離れた札幌市内でも震度6弱を観測している。

震源が内陸部だったため津波はなかったが、震源地を中心に大規模な斜面崩壊が発生し、インフラ整備の要となる道路を寸断した。また、道内の複数の発電所が停止したことで、道内全域で大規模な停電が発生した。この地震の影響で、死者44名、負傷者785名、全壊家屋491棟、半壊1818棟、一部損壊は1万2600棟にまで及んだ。

この地震の最大の特徴は、推定で約13・4平方kmの土砂崩れ、つまり斜面崩壊である。非常に広範囲での崩壊が発生し、1891（明治24）年の濃尾地震、2004（平成16）年の中越地震を超える。その原因は、約4万年前の巨

過去最大規模の山体崩壊が発生した胆振東部地方。多くの家屋や道路を飲み込んでいった

山体崩壊した斜面の前にたたずむ警察官。人の大きさと比べるとその規模がわかる

大噴火や、恵庭《えにわ》岳の噴火などによって堆積した軽石などの火山噴出物で形成された不安定な土地であったという。また、前日の台風や、6月から8月にかけての降水量が例年より多かったことも、大規模な表層崩壊につながった。

崩壊は農業用水を蓄える厚真《あづま》ダムの水路も埋め尽くした。そのため、今後の降雨によってダムが溢れ出すことを警戒して、自衛隊などによる啓開作業が行われたのである。

電力喪失も大きな話題となった。これは北海道電力創設以来初のことで、仮にこの大規模停電が冬季に発生した場合には、多くの凍死者が出たのではないかともいわれた。

その一方で、非常に大きな揺れであったにもかかわらず、震源が都市部から離れていたということもあり、10日には安否不明者がいなくなったとして、すべての捜索活動を終了し、生活支援へと移行している。

発災当日05時40分に、胆振総合振興局が陸自第7師団に災害派遣を要請。自衛隊は当初4000名態勢での活動であったが、政府は2万5000名まで増強することを発表。

啓開作業によって開通した道路。倒壊した家屋が痛々しい

胆振東部地震 DATE

■発生状況（気象庁発表）

2018年9月6日
震源地　北海道胆振地方中東部
震源の深さ　約37km
規模　マグニチュード6.7
最大震度　震度7

■被害状況

死者　44名
行方不明者　0名
重軽傷者　785名
全壊家屋　491棟
半壊家屋　1818棟
停電　最大約295万戸
断水　最大約6万8000戸
避難者　最大約1万7000名

■自衛隊の派遣規模（延べ数）

派遣人員数　約21万1000名
艦艇　20隻
航空機　230機

胆振東部地震の震度分布図

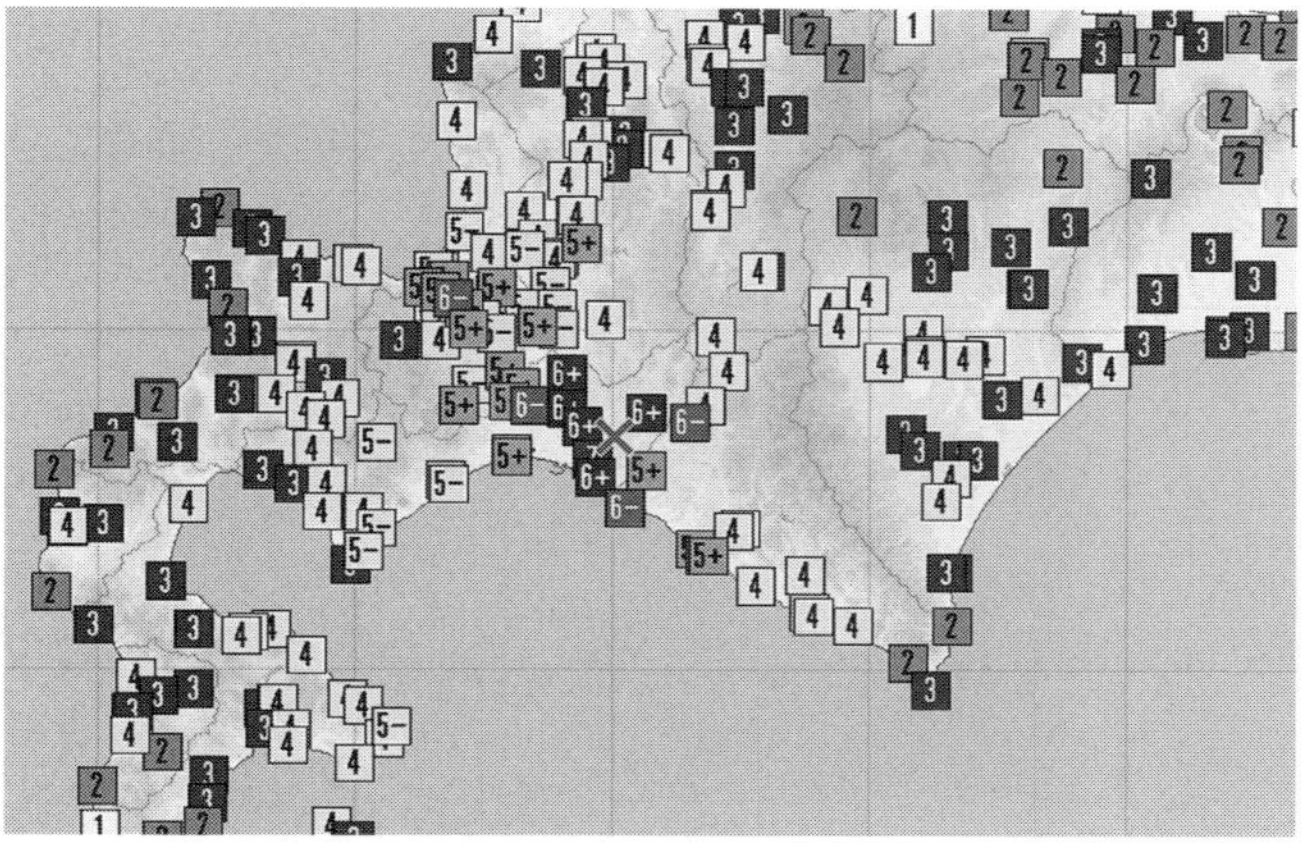

×印が震源。数字は震度、＋は強、－は弱を表す

捜索活動のほか、道路啓開、入浴・給食支援などさまざまな活動を介して、被災者支援を続けた。

自衛隊の活動

発災当初から人命救助活動及び行方不明者の捜索を24時間態勢で実施。その間、断水地域に対する給水支援と入浴支援、給食支援を行う。

航空自衛隊は埼玉県の入間基地を拠点として全国からの支援物資を集約。入間基地から千歳基地までの航空輸送を実施した。

多くの場所で土砂崩れが発生していたが、特に厚真ダムの崩壊を防止するため、水位計の設置、流木等の撤去、周辺の道路啓開を早急に実施し、ダムの保全を行った。

また、特別目的会社が運航している「はくおう」と「なっちゃんワールド」を派遣し、一時的な宿泊や入浴支援、器材や車両の輸送も実施した。

倒木や農業機械のスクラップが堆積した被災現場

災害派遣取材記　航空祭から被災地へ

三沢基地航空祭直前に地震速報が入る

２０１７（平成29）年から通いだした三沢基地航空祭。都内から車で移動すると片道８時間ほどの距離だが、道中で立ち寄る高速道路のサービスエリアなどで食べるご当地グルメが美味しくて、２０１８（平成30）年も行こうと決めていた。岩国などもそうだが、人気がある航空祭の問題は宿泊場所の確保である。日帰りできる距離ではなく、三沢基地は予行も取材させてもらえるため、最低でも２泊する必要がある。となると、ホテルも多く飲食店も多い八戸《はちのへ》に宿泊することになるのだが、ホテルの予約を取るタイミングが難しい。日程が発表されるや否や、クリック合戦が発生するのである。なんとか八戸市内のホテルを予約できたので一安心だ。あとは、予行に間に合うように移動するだけである。

出発前日である９月６日の朝に起きると、北海道で地震が発生していた。最大震度は７と発表されている。なんてことだ。地震の影響も気になったが、三沢基地航空祭が開催されるかも怪しくなってきた。

状況によっては決して安くない遠征費がパーになるかもしれない。とはいえ、せっかくだ。八戸に行こうと決めた。道中で中止の連絡があるかもしれない。開催の可否が気になっていたのは事実だが、開催されなかったとしても、八戸の街を楽しもうと思うと気が楽になった。

特に何の問題もなく八戸に到着し、ホテルにチェックインする。荷物を部屋に置き、いざ八戸の街へ！

津軽海峡を挟んだ北海道では大変なことになっているが、八戸の街はいたって普通である。居酒屋に入る。隣の席の人たちから地震の話が聞こえてくるかと思ったが、出てくる話題は飛行機の話である。なんてことはない。被災地から少しでも離れれば、そこにはいつもの光景が流れている。

大きな被害があったからといって、普段の活動を止める必要はない。変な同調圧力を感じてなんでも自粛ムードになるほうが良くないのだ。

なんてことを思い、翌日の航空祭予行をどのように撮影しようか考えつつ、八戸の居酒屋で舌鼓を打ちながら地酒の海を泳いだのである。

航空祭予行の撮影が終わり、本番に向けて何をどう撮ろうか考えながら再び八戸の夜の街へと繰り出していく。ふと、明日の航空祭が終わったら北海道入りしてはどうだろうか。そんな考えが浮かんだ。

一緒に航空祭取材で来ていた先輩カメラマンに酒の席で相談すると「俺も行くよ」との答えだった。これは心強い。そうとなれば、航空祭の取材を終えてからの行動を考えなければならない。

すでに酒が回っているが、こういうときは頭が働く。まず調べる必要があるのが、どうやって津軽海峡を越えるかである。自家用車で来ているため、最も一般的なフェリーを探した。

調べた結果、思ったよりお金もかからず、出発時間にも余裕がある。コレだ。決まりだ。

そして翌日の航空祭本番の取材を終えていったん八戸に戻り、支度を整えた。

活動予定は３日間と決めた。帰りのフェリーを予約し、活動拠点である千歳市内のホテルも予約した。準備は万全だ。

航空祭後、苫小牧へ自衛隊広報室に連絡し取材開始

先輩のOカメラマンと八戸港に向かいフェリーを待つ。その間に、私は陸自と空自、Oカメラマンは海自にそれぞれ連絡をした。せっかく行くのだから、ちゃんと活動場所などを聞いてルートを決めようとなったのだ。

また、突発的に何かしら撮影チャンスが巡ってくるかもしれない。そう思い、陸海空幕のそれぞれ

の広報室に趣旨を説明して、現地の広報担当者を紹介してもらった。

それからは話が早かった。

陸自で対応してくれたのは第7師団広報室と東部方面隊広報室。海自は砕氷艦「しらせ」と掃海艇「いずしま」、空自は第2航空団がそれぞれ取材を受け付けてくれることになった。

時系列通りではないが、それぞれの活動と取材内容を書き記していく。

まずは陸自だ。

第7師団はまさに今回の震源地となる厚真町を警備隊区としてもっている部隊だ。担当は第7特科連隊だが、被害範囲が広くなっているため、全力で支援活動を行うという。やはりしっかりと部隊の活動状況を教えてもらえるのはありがたい。広報担当者も同行してくれるため、取材を受ける部隊としても安心だ。

陸自の活動は広範多岐にわたった。

最も被災者の目に留まるのが、食事と入浴、そして給水支援だ。これらは生活を続けるうえで必須となるまさにライフラインそのものである。栄養ある食事は活力になり、清潔な飲料水は命をつなぐ。入浴は衛生環境を良好に維持するために必須で、その日の疲れも癒してくれる。どれも当たり前のようにあるものだが、インフラが破壊された被災地では、それを維持することは難しい。そこで、陸自が持つ自己完結性が被災者の尊厳を維持し、贅沢はできないが最低限の生活レベルを支えるのである。

重機を持ち込み道路啓開作業を行う施設科部隊。陣地構築のためのスキルが活きる場面だ

民間チャーター船で到着した増援部隊。陸海空の輸送力を集結し、民生支援に全力を投入

また、給水と浴場運営では即応予備自衛官も投入され、それぞれの場所で活躍していた。北部方面隊は即応予備自衛官の数が少ない。これは人口の問題が大きいという。都心部の札幌であればまだいいが、それ以外の地域は慢性的に人員が不足しているそうだ。

それでも、多くの即応予備自衛官が活動していたのは、同じ即応予備自衛官として非常に頼もしかった。このほかにも第7師団は各地で給食支援を行い、音楽隊は慰問演奏を行っていた。

各地から支援部隊も訪れたが、PFI契約している民間フェリーである「はくおう」も東部方面輸送隊のトラックを搭載して苫小牧《とまこまい》に到着した。ちなみにPFI契約とは、官公庁が民間に施設運用と公共サービスの提供を委託するもので、この場合はフェリーの運用を意味する。「はくおう」は輸送隊を降ろすと、そのまま被災者への入浴支援を行った。船内は一般的なフェリーと変わらない内装で、浴場もしっかりと備わっている。軽食や飲み物なども提供され、必要であれば簡易的な医療支援もしてくれる「はくおう」は、まさに浮かぶ支援拠点だ。

第7音楽隊は入浴に訪れた被災者向けの演奏会を「はくおう」の船内で行っており、子供たちが興味深そうにさまざまな音色が奏でられる演奏に聞き入っていた。

人目には触れないが、重要な仕事をしている部隊もいた。それが東部方面隊隷下の第1施設団だ。彼らは土砂崩れで通行止めとなっていた道路を開通させるため、溜まった大量の土砂を重機を使って搬出していた。人の往来を復活させ、滞ったインフラを再開させるために欠かせない作業だ。

大量の物資を迅速に運べる輸送機もフル活用。この物資は陸自の輸送部隊に引き渡す

海自も多くの部隊が動いた。取材できたのは砕氷艦「しらせ」と掃海艇「いずしま」である。海幕広報から事前に取材の連絡がいっていたため、現地でスムーズに撮影することができたのはありがたかった。

掃海艇「いずしま」は発災当日の9月6日08時34分に給食支援と入浴支援のために苫小牧へと出港、遅れること約20分後となる08時55分には、ヘリポート支援のため「しらせ」が苫小牧沖へと前進している。

翌7日には、「しらせ」と「いずしま」も苫小牧港において入浴支援を開始した。電力を喪失している被災地住民のためにスマートフォン充電サービスも行っていたのが印象的だった。

最後に紹介する空自は千歳基地を拠点として活動を開始。主な支援内容は救援物資の輸送だ。

空自は保有するC－1、C－2、C－130輸送機を活用し、入間基地を拠点として支援車両や食品、飲料水、毛布や乾電池などの避難生活に必要な大量の物資を千歳基地まで空輸した。

また行方不明者捜索のための警備犬も投入しており、全勢力で被災地支援にあたっていた。

ここでは紹介しきれないほどの救援活動を行った自衛隊。もちろん、警察・消防・海上保安庁、そして防衛省以外の国の機関や被災自治体や関係自治体も最大限活動し、震災の初動対処にあたったほか、当面のライフライン復旧まで多くの関係者が尽力したことも書き加えておく。

被災地から離れても物流がダメージを受ける

さて、今回宿泊した千歳市内だが、町としてのダメージはほぼなかったように見受けられた。しかし、物流が滞っているのは確実で、コンビニには物が少なく、場所によっては弁当類が入荷されないため、すべての棚に水のペットボトルが並べられている店舗もあった。

また、ホテルの近くにあるファストフード店では、メニューを限定しての営業を続けるなど、地味に、しかし大きく影響を残していた。

これは空自の千歳基地も同じだ。

入浴支援のため展開した浄水セットの水タンク。5tほどの水を蓄えておける

被災地で作業内容について関係機関と調整する自衛官。さまざまなニーズに柔軟に対応する

広報担当者にお願いしてBX（基地売店）を見せてもらったのだが、そこも物流が滞っているせいで、インスタント食品やスナック菓子などはほとんどなかった。

ホテルも工事関係者と思われる宿泊者ばかりで、観光目的の宿泊者は皆無であった。それはそうだろう。ここは被災地なのだ。復興に向けた動きよりも、被災者救援が優先の状態である。

まだまだ活動を続ける自衛隊を追いたかったが、都内に戻る必要があったため、後ろ髪を引かれる思いで苫小牧まで前進を開始した。

予定通り八戸に到着すると、一路都内へ向けて前進となった。

三沢基地から被災地取材と休むことなく活動しつづけた1週間だったが、最後の最後でロングドライブが待っていた。もしかしたら、これが一番つらいかもしれない。

しかし、終始同行してくれたOカメラマンと話をしていると、あっという間（ではないが）に都内に戻ってこれた。

本当につらかったのはOカメラマンと別れたあとだ。一人で早朝の都内を自走して帰宅したのだが、あやうく寝そうになった。これではダメだと、一人で車内カラオケを始めた。これが功を奏し、眠気は吹っ飛び、無事に帰宅することができたのだ。

しかし、歌いすぎたせいか、2日間はガラガラ声のままであった。

コラム⑨ 誰一人残さない　命がけの捜索活動

大規模災害が発生すると、被災地では行方不明者が続出する。

この行方不明者捜索が最も困難を極めた例がある。それが2011（平成23）年に発生した東日本大震災だ。10mを超える津波被害によって、多くの被災者が波に飲まれてしまった。あまりにも広範囲すぎたため、警察や消防、海上保安庁だけでは手に負えず、自衛隊も行方不明者の捜索に出動している。

特に、放射性物質が漏洩していた福島第一原子力発電所周辺での捜索は、核や化学兵器防護の専門部隊を擁する陸上自衛隊中央即応集団（現 陸上総隊）などが中心となって担当した。中央即応集団以外の部隊としては、第17普通科連隊、第44普通科連隊、第6特科連隊、第6高射特科大隊、第2普通科連隊、第13普通科連隊、第30普通科連隊、第12特科隊などである。

目には見えない放射線の影響は計り知れないが、人命には変えられない、また長期にわたる行方不明者を家族の元に返したいという強い気持ちから、4月18日からは原発から30km圏内、5月1日以降は20km圏内、5月3日からは10km圏内での活動を行っており、5月16日までに49名の行方不明者を探し出している。

東日本大震災では広大な地域の捜索活動を行った自衛隊だが、範囲は狭いものの、非常に困難な環境で行方不明者捜索も行っている。それが2014（平成26）年に発生した御嶽山での噴火災害派遣だ。

目の前に噴煙が立ちのぼる過酷な状況のなか、御嶽山山頂部の捜索に向かう隊員たち

9月27日に発生した噴火によって、多くの登山者が被災。その翌日となる28日には、警察・消防・自衛隊が合同の救助チームを編成し、550名態勢での救助活動を開始した。ヘリコプターによる救助を含めて27名を山頂付近で救助したが、大量に降り積もった火山灰に埋もれた心肺停止状態の31名も発見している。

それ以降も捜索救助活動を続けていた合同チームだが、火山性微動のためたびたび活動は中止され、台風の影響もあり捜索活動は難航を極めた。

10月15日になってようやく捜索が再開されたが、この日、御嶽山が初冠雪したため、翌16日に二次災害の危険性が高まったとして捜索活動が打ち切られた。

このときに救助を担当したのは第12旅団がメインだったが、泥濘化した火山灰の影響によってまともに歩くことすらできず、かと思えば晴れて硬く締まった火山灰は、掘るにも掘れない状態であったという。

このように、さまざまな場所で行方不明者の捜索を行う自衛隊。あくまでも自治体の自助力を超えた場合にのみ派遣されるが、あらゆる地形や気象を克服して走破できる陸上自衛官が持つ高いスキルは、こうした活動でも発揮されるのだ。

コラム⑩ 一人でも多く救い出す　現場での応急処置

自衛隊が行う災害派遣では、必ず衛生部隊が同行する。衛生部隊とは、メディカル・スタッフのこと。最も数が多いのが、ある程度の専門的な知識を有する一般的な衛生隊員で、数は少ないが専門的な医療行為を行うことができる医官などが派遣されることもある。また看護師や救急救命士の資格を持つ隊員もいる。

これらの隊員は、基本的に活動する隊員のために医療行為や応急処置を行うのだが、場合によっては被災者などに対する簡易的な医療提供も行う。

本来、こうした活動には自治体の消防職員や地元の病院関係者が携わるべきなのだが、身の危険が伴うような大規模な災害や、場所的な特性上、どうしても医療関係者を連れていけない場合がある。高山での災害や、二次災害が発生しそうな場所、放射線による影響を受ける場所、離島などだ。

また、自衛隊として24時間態勢で待機している人員は多いものの、部隊に医療関係者を24時間待機させておくのは負担が大きすぎる。そのため、真っ先に衛生部隊が出動し、隊が所有する救急車の車内や輸送機などの機内で応急処置を施し、そこで延命し続けながら安全な場所で医療関係者に患者を引き渡す。

なお、1995（平成7）年の阪神淡路大震災で、救えるはずの命が多く失われたことを契機として、「一人でも多くの命を助ける」という目的を持った厚生労働省の災害派遣チーム

「日本DMAT」が2005（平成17）年4月に発足した。

DMATとは「ディザスター・メディカル・アシスタンス・チーム」の頭文字を取ったもので、大規模災害や航空機・列車事故など、大多数の被害者が発生した場合に、厚生労働省が認めた専門的な研修や訓練を受けた医療関係者で編成されるチームだ。

最初に派遣されるDMAT一次隊は移動時間を除き48時間を活動限界にしており、必要に応じて二次隊や三次隊を派遣するほか、DMATをサポートするロジスティックスチームも派遣される。

DMATと自衛隊の関係だが、これは平素から防衛省と厚生労働省の間で協議されている。災害発生時には、航空自衛隊などの輸送機によって患者を安全な場所まで移送する広域医療搬送と、地域のヘリコプターや救急車などを活用して患者を病院などの医療拠点に移送する地域医療搬送が行われる。

こうしたときに活用されるのが、空飛ぶICU（集中治療室）とも呼ばれる「機動衛生ユニット」だ。これは航空自衛隊航空機動衛生隊が装備するもので、C－130輸送機に最大2台が搭載可能。地上のICUと同等の高度な医療を提供しつつ、被災地から離れた空港まで患者を移送することができる。機動衛生ユニットを使用する場合、医官1名、看護師または救命士2名、そしてシステムの管理要員が1名搭乗することになり、1ユニットで最大3名の患者を同時に移送させることが可能だ。

これ以外にも、陸上自衛隊や海上自衛隊が展開する臨時の入浴施設や、護衛艦などの入浴支援時に、自衛隊の医官や看護師などが簡易的な医療サービスを提供する場合もあり、ときには災害によるメンタルダメージを受けた被災者が相談に訪れたりしている。

第6章

2019年 台風15号、19号

2019（令和元）年9月9日、同年10月12日

２０１９年台風15号、19号・災害概要

２０１９（令和元）年９月５日に台風15号が発生。一月後の10月６日には台風19号が発生した。

台風15号は関東に上陸したものとしては観測史上最強クラスの勢力を維持したまま９月９日に上陸。千葉県を中心に甚大な被害をもたらし、「令和元年房総半島台風」と命名された。台風名が命名されたのは、１９７７（昭和52）年の沖永良部《おきのえらぶ》台風以来42年ぶりのことである。

上陸時の中心気圧は９６０ヘクトパスカル、千葉市で最大瞬間風速57・５ｍ／ｓを観測するなど「非常に強い」勢力だった。被害が出た範囲は狭かったものの、瞬間的な暴風の影響で大きな被害が発生している。

停電は最大で約93万５０００戸、多くの鉄塔や電柱が倒れ、完全な停電解消まで約２週間を要した。

台風19号の大雨によって増水した水の力で破壊された橋脚。中央付近が沈んでいるのが確認できる

この停電復旧作業は、東京電力が約1万６０００人態勢で実施。約４００ヵ所の倒木除去や道路啓開は、自衛隊が国土交通省などと共に実施した。

自衛隊は千葉県知事からの要請によって、陸自と空自が災害派遣要請を受理。情報収集活動から始まり、給水支援、入浴支援などのほか、瓦が飛ばされた住宅に対するブルーシート張りなどが行われた。

台風19号は静岡県、関東甲信越、東北地方に観測史上１位となる記録的な大雨をもたらし、約一ヵ月前に発生した「令和元年房総半島台風」と同時に「令和元年東日本台風」と命名された。また、１９７９（昭和54）年の台風20号以来となる死者１００名を超える甚大な被害があったのも特徴だ。

台風としては初となる「特定非常災害」と「激甚災害」、そして「大規模災害復興法」が定める「非常災害」が適用された。災害救助法が適用された自治体は14都県３９０市

土砂崩れに飲み込まれた家屋内に取り残されている行方不明者を捜索する現場。写真中央部分が大きく崩れている

区町村で、２０１１（平成23）年の東日本大震災を超える適用数となった。

伊豆半島に上陸した際の中心気圧は９５５ヘクトパスカルだったが、上陸前は９１５ヘクトパスカルと猛烈な勢いの台風にまで成長していた。

非常に強い勢力を保ったまま上陸した背景に、海面温度が30℃以上の海域を進んだことで、台風のエネルギー源である温かい水蒸気を大量に取り込んだこと、そして上空の乾燥した空気など、台風の勢力を弱める要因が小さかったことがある。

台風19号の影響で東電管内は最大約44万戸で停電、台風15号の教訓を活かし、自衛隊や自治体と連携して早期に倒木処理や道路啓開を実施したため、停電は４日後にすべて解消している。

自衛隊は被災した13都県に所在する約２万７０００名の隊員を呼集し、最終的には全国から招集した３万１０００名態勢で支援活動を行った。

増水した川で削られ崩壊した生活道路

2019年 台風15号（令和元年房総半島台風）DATE

■発生状況
2019年9月5日～9月10日
最低気圧　955ヘクトパスカル
最大風速　58.1m/s（神津島）
平均速度　31.5km/h
移動距離　3782km

■被害状況
死者　3名
行方不明者　0名
重軽傷者　150名
全壊家屋　391棟
半壊家屋　4204棟
停電　最大約93万5000戸
断水　最大約14万戸

■自衛隊の派遣規模（延べ数）
派遣人員数　約9万6000名

2019年 台風15号の経路図

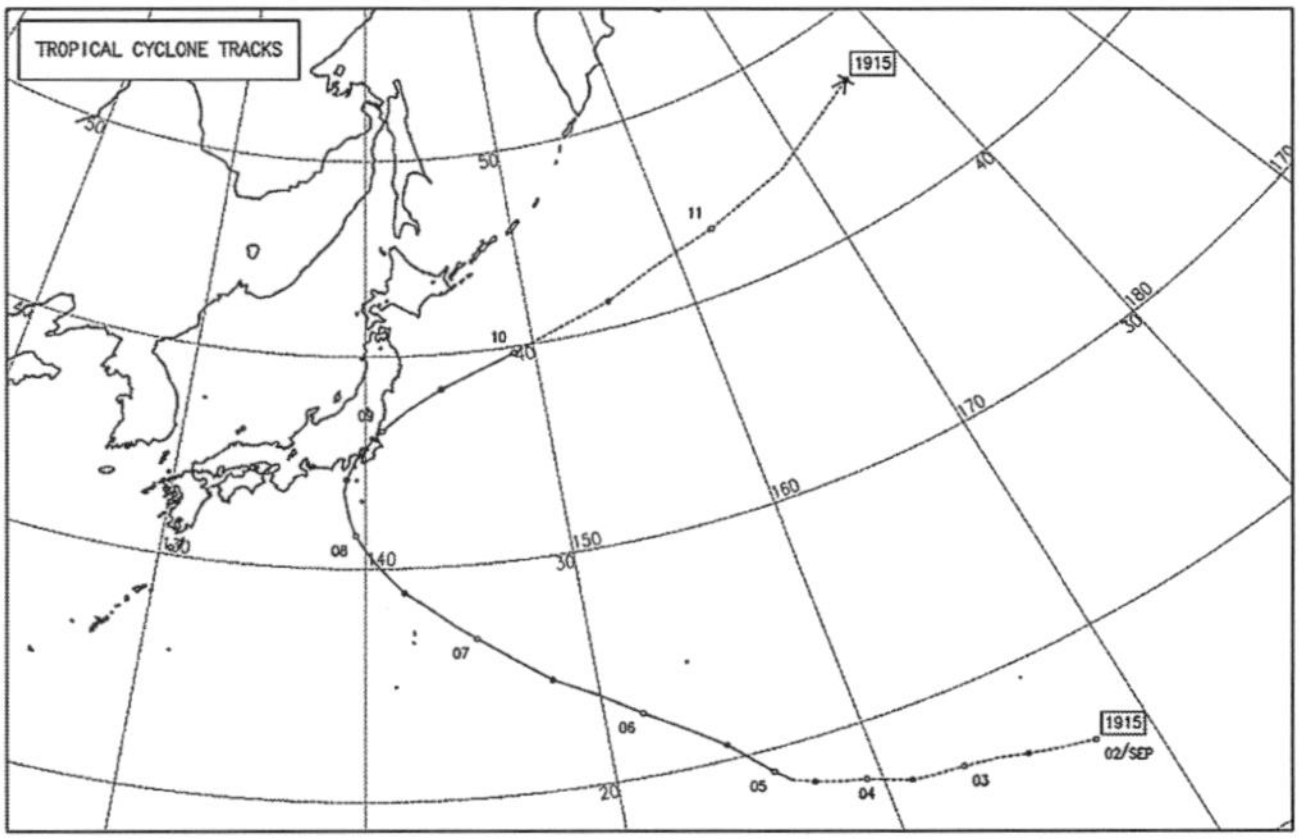

自衛隊の活動

〈台風15号〉

千葉県知事の要請によって陸海空の自衛隊部隊が活動を開始。また、神奈川県知事からも災害派遣要請があった。千葉県内では倒木除去、道路啓開、ブルーシート展張、物資輸送を実施。その後も追加要請として、給水支援や海自館山基地の解放などが行われた。なお、翌月に発生した台風19号への災害派遣にもそのまま従事したため、活動期間は約2ヵ月間となった。

〈台風19号〉

10月13日16時、防衛大臣の指示によって自衛隊行動命令が発令。陸上総隊司令官を長に統合任務部隊（JTF）を編成。全国から部隊が集結して救助活動や支援活動を行った。また、即応予備自衛官と予備自衛官も招集されている。

洪水を防止するために設けられ、機能を果たした調節池

2019年 台風19号（令和元年東日本台風）DATE

■発生状況

2019年10月6日から10月13日
最低気圧　915ヘクトパスカル
最大風速　44.8m/s（神津島）
平均速度　27.0km/h
移動距離　4785km

■被害状況

死者　約120名
行方不明者　3名
重軽傷者　376名
全壊家屋　3273棟
半壊家屋　2万8306棟
停電　最大約52万2000戸
断水　最大約16万8000戸

■自衛隊の派遣規模（延べ数）

派遣人員数　約7万9000名

2019年 台風19号の経路図

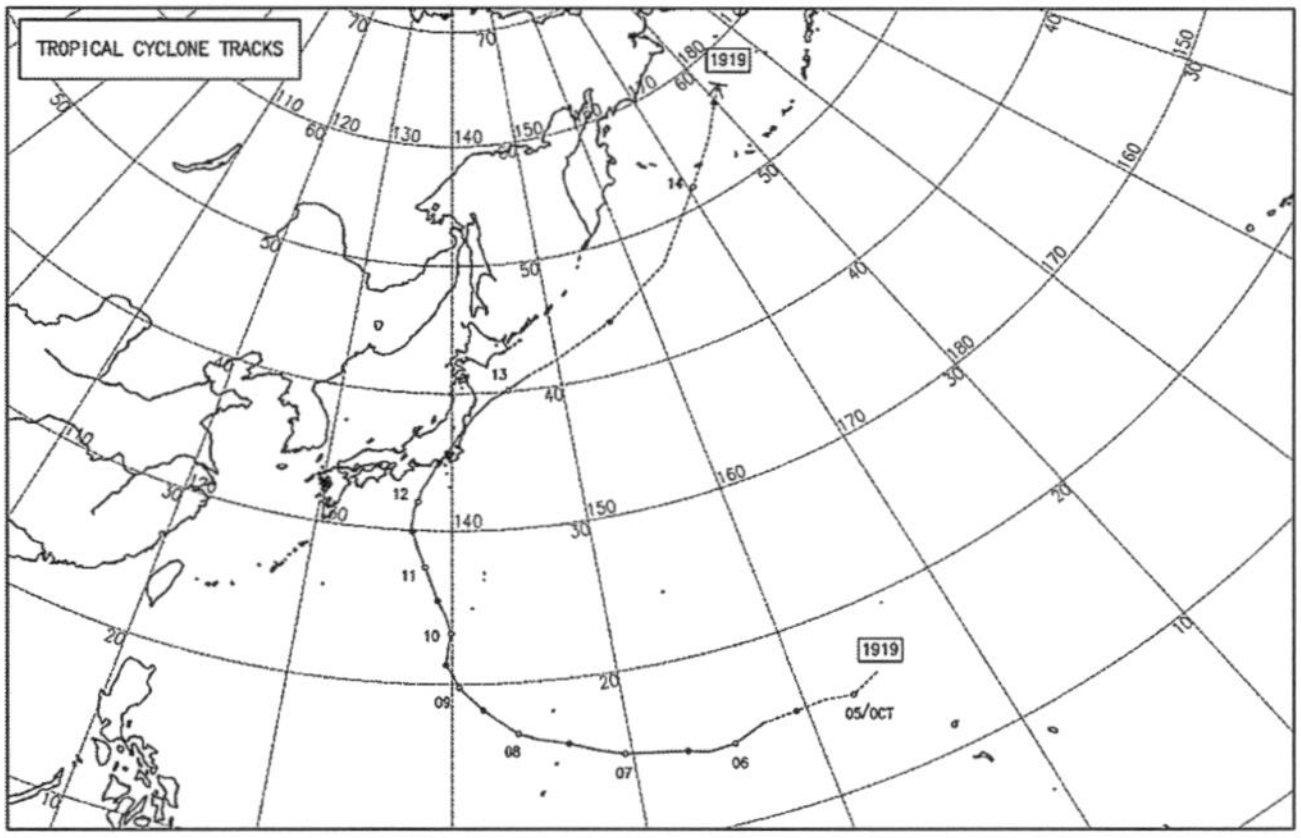

憧れの航空科隊員になって物資輸送

航空科隊員の仲間入りを果たしたのち台風発生

ひょんなことから、2019年7月から、任期付自衛官として一時的に現役自衛官に復帰した。任期付自衛官とは、いわゆる士の一番下の階級から入隊する「任期制自衛官」とは異なり、育児休暇などで休職に入る隊員の穴埋め要員として、元自衛官を採用する制度だ。部隊にとって即戦力となる必要があるため、自衛官未経験者は応募することができないのが特徴である。あくまでも代替要員であるため、任期は休職している隊員が復帰するまで。具体的な期間は最短数ヵ月、最長でも3年が限度となる。

なお、気になる給与だが、これも休職している隊員が受け取っている金額がそのまま代替要員の給与となるため、育児休暇で休む隊員は若年層が主という特性上、決して高い金額ではない。一方で、現役自衛官と同じ福利厚生を受けることができることから、メリットは大きいだろう。実際に、元自衛官の主婦が任期終了後に新たな空きを見つけ、10年近くも任期付自衛官として勤務しているケースもあるという。

そんな任期付自衛官の話が来たのが２０１８（平成30）年末であった。自衛隊側の要望としては２０１９年の４月から勤務できないかという調整であったが、仕事があったため、７月からなら可能ということで話を進めてもらった。勤務先は東京都立川市にある立川駐屯地の第１師団第１飛行隊ということで、内心、早く働いてみたいと考えていた。

しかし、私も即応予備自衛官の身分であるため、上司に相談すると「10ヵ月後に帰ってくるなら装備は残しておくよ」と言ってくれた。しかし、任期付自衛官になるのであれば、いったんは即応予備自衛官を退職する必要があるとのこと。

なお、20歳のときに陸自に入隊し、約1年間のブランクはあるものの除隊後は即応予備自衛官として勤務し、任期付自衛官としての任期を満了したあとは、再び即応予備自衛官になっている。トータルすると20年以上も自衛隊で勤務していることになるが、防衛省がカウントしてくれる在任期間は現役のときの10年間だけである。つまり、一度も永年勤続表彰は受けておらず、過去の経歴は何の役にも立たないため、あくまでも自己満足的な要素だけが残っている。

こうした動きをする元自衛官は少なくないが、国としてもう少しサポートしてくれるのであれば、自衛官募集の助けになるのではないかとも考えた。もちろん、予備自衛官の制度も変わりつつあり、即応予備自衛官を雇用している企業には「雇用企業給付金」というものが支給されている。しかし、金額としてはあまり大きくはない。それよりも、個人の名誉をもっと重んじてほしいと考える。同盟国であるアメリカを見ると、退役軍人省なる組織があり、日本でいうOB会に相当する組織も活発に活動している印象だ。

また、米軍の福利厚生組織には退役した軍人が多く再就職している。このように、自衛隊を去った者であっても、何かしらの形で国が再雇用するなどの施策を多く取り入れることで、人員不足の解消につながるのではないかとも考えている。まぁ、これらに関してはお役人に任せるとしよう。彼らは何かと「予算、予算」というため、素人ではこれ以上、物を申すことはできない。

話を戻そう。

私はもともと航空機が好きであった。陸自に入隊したときも職種の希望調査で第1希望は航空科と書いたくらいだ。ただし、私の期別では航空科の枠がなかったため、施設科に進んでいる。後年、施設科で良かったと思う面が多いので、それはそれで良かったのだが、航空科への未練は捨てきれていなかった。しかし、チャンスは巡ってきた。念願叶って、ついに航空科隊員としての道を歩むことができるのだ。

と、大げさに言ってみたが、航空科の特技（MOS）を取得できるワケではなく、あくまでも臨時的な勤務員として部隊にお邪魔するだけだ。それでも、楽しみのほうが強く、一日も早く働いてみたいと気持ちだけが焦っていた。

肝心な補職はというと「写真陸曹」という。従来の航空科部隊にはなかったポストで、当時の飛行隊長が私のために特別に作ってくれたのだ。これはありがたい。航空科部隊に行ったとはいえ、ヘリ

東京都から運ばれてきた物資を仕分ける自衛官

コプターの操縦ができるワケでもなく、整備ができるワケでもない。ただし、写真陸曹として部隊の活動を記録するのであれば、誰にも負けない気概がある。この補職設定はとても嬉しかった。

部隊の環境はとても良く、仲間にも恵まれた。写真を撮られ慣れていない隊員たちに、レンズを向けられることに慣れてもらうため、普段からアチコチ撮影に行った。そこでは外にいる人には見ることができない景色が広がっていたのである。

部隊訓練として演習場に行くときにも撮影機材は持っていった。個人装備の重量は誰よりも重かったが、それ以上のメリットがあったため、まったく苦ではなかった。

任期付自衛官として勤務し始めてから約2ヵ月後となる9月1日、のちに「令和元年房総半島台風」と命名されることになった台風15号が発生した。この台風は21世紀に入ってから初めて気象庁が命名した台風だ。最後に命名された台風は、1977年に発生した沖永良部台風で、実に42年ぶりの命名となった。

進路や規模が想定できる台風しかし被害は未知数

勢力を強めながら日本に接近してくる台風15号。

飛行隊本部に情報収集用として置いてあるテレビでは、連日台風の情報が放送されていた。

「台風が去ったあとに偵察する必要がありそうですね」

「いつ頃、関東を抜けるんだ？」

そういった会話が繰り返されていたが、航空科職種には天気予報も担当する管制気象隊が編制されている。この管制気象隊は、飛行場となる駐屯地周辺や演習場などの天気を予報するほか、航空機の経路上の気象予報も行う。数は少ないが気象予報士の資格を持つ隊員もいるため、予報精度は高い。

管制気象隊からもたらされる情報と、気象庁が発表する台風情報は似たものとなるが、若干異なる予報を発表する機関もある。それがハワイにある米軍の統合台風警報センター「ＪＴＷＣ」だ。

ＪＴＷＣはアメリカの政府機関に台風情報を伝える組織だが、一般人でもサイトにアクセスすることができる。ただし、協定世界時、つまり「グリニッジ標準時」を使用しているため、日本時間にするには表示されている時間に９時間加える必要がある点に注意が必要だ。気象庁とＪＴＷＣでは毎回若干異なる予報を出すのだが、今回ばかりはどちらの予報も勢力が急成長し、非常に危険な状態になると発表している。つまり、本当にヤバいのだ。

しかし、台風に関しては事前に到来を知ることができ、その他の自然災害と比較して備えやすいという利点がある。数多くの自然災害があるなかで、地震などは事前の予知が難しい。首都直下型地震や南海トラフ地震は、10数年前から発生が予測されているが、正確な時期は誰にもわからない。

他方、台風であれば「目に見える」ため、発生から進路予測、規模などがわかりやすく、到達するまでの日数もあるため、予防しやすいのだ。当然、自衛隊にとっても同じで、あらかじめ巨大台風が接近してくるのがわかっていれば対策の施しようがある。台風の上陸予定は10月９日の未明。ということは、８日の午後から天候は悪化していくだろう。

出動かと思いきや担当エリアは比較的平和だった台風15号

この予測に従い、８日の出勤時にはしばらく帰宅しなくても良いように、着替えなどを多めに準備し部隊へと持っていった。就業後、天候はまだ安定していたため、いったん帰宅。シャワーを浴びて着替えて、リフレッシュしてから再度登庁した。

いわゆる就業時間外となる課業外の時間であるため、戦闘靴ではなくスリッパで事務室の机に座ると、テレビとスマホの両方を使って情報収集を始めた。なかには帰宅している隊員もいるが、私と同じ考えで帰宅してからまた登庁してきている隊員もいる。

自衛隊の部隊にはこうした災害や有事に備えて、非常勤務態勢というのが設定されている。レベルの低い順から「第1種」「第2種」「第3種」となっているのだが、一番レベルが低い状態は、情報収集担当の隊員だけが勤務し、第3種となると全員が勤務している態勢となる。

このときの勤務態勢は覚えていないが、少なくとも私は勤務しなくてもいいレベルであった。しかし、部隊の活動を記録する写真陸曹として、部隊が動く可能性があるのであれば、そこにいない理由はないのだ。

とはいえ、台風はまだ来ない。風は強く吹き始めたが、雨はまだだ。となると、やることがない。実際、暗くなっている状態でヘリコプターを飛ばすこともない。ましてや、飛行が危険なほど風も強い。

スマホをいじりすぎて指先が痛くなってきた。目も疲れてきた。椅子に座りぼーっとしていると、作戦室が賑やかになってきた。どうやら、師団からさまざまな情報が舞い込んできているらしい。

作戦室の一角にあるパソコンには、各事象に応じた部内専用の掲示板がある。それを「クロノロ」と呼んでいた。クロノロを簡単に説明すると、パソコンの画面を通じて災害情報などを共有するもので、正式には「クロノロジー型災害情報共有システム」というらしい。これは防衛省・自衛隊だけの

早朝から出発準備のためUH-1Jヘリコプターを格納庫から出す

ものではなく、災害対策本部が設置される関係省庁や、空港などの大きな事務所などにも置かれているものだ。

ホワイトボードなども併用するが、その場にあるホワイトボードだけではすべての事象を把握するまでに時間がかかり、離れた場所との情報共有にも時間がかかった。情報伝達が遅れるということは、何かを行う際の判断がなかなかできず、意思決定にも時間を要することになる。それを解決するのがクロノロで、防衛省・自衛隊としても積極的に活用していたのだ。今はさらに進化したシステムが導入されているらしいが、私はまだ知らない。

せっかくだから、クロノロの使い方を教わろう。私が使えるようになれば、部隊としてもメリットが大きい。そう考え、忙しくない時間を利用してクロノロの使い方を教えてもらった。慣れてしまえば非常に簡単なシステムで、誰でも使いこなすことができるだろう。

その一方で、情報の取捨選択は非常に難しく、あらかじめどのような情報が必要なのかを上層部とよく話しておかないといけない。そうしないと、重要な情報を見逃してしまったり、間違った情報を伝達してしまう可能性がある。

そして、クロノロは非常に単調なシステムなため、夜は眠くなる。

眠くなるが、私は基本的に夜型の人間であるため、そこまで夜に弱いわけではない。誰もいない静かな環境も好きだ。そこで、バディを組んだ陸士隊員を営内の自室に戻し、何かあるまでは休んでいていいと伝えた。

実際、台風は接近してきているものの、被害を確認することができるのは夜明けからだ。台風が去ったあとでないと何もすることはできないのである。

広い作戦室に一人でぽつんと座っていると、時間の経過が非常に遅く感じられた。

クロノロが更新され何かしらの新規情報があると通知音がする。

「ポーン♪」「〇〇〇〇（時間）、第〇〇連隊、第2種非常勤務態勢へ移行」

こういった具合で、師団隷下の部隊がどのような状態になっているのかがわかるのだが、特に動きはない。まさに「嵐の前の静けさ」だ。こちらからも特に発信する情報はない。

テレビの音を小さくして台風情報を眺めていると、クロノロの交替時間になり、次の担当者に引き継いで私は作戦室を離れた。

陸自最大の輸送ヘリコプターCH-47JA。多くの物資や人員を一度に運ぶことができる

翌朝、夜明けとともにヘリコプターが離陸するというので、格納庫へと移動した。格納庫と事務室は離れた場所にあるため気がつかなかったが、整備員のなかには格納庫で夜を明かした隊員も数名いたという。

この台風は関東南部に甚大な被害をもたらした。ただ、地上からの支援が大半を占めていたため、飛行隊としての動きはそこまで多くなかった。

15号の爪痕が残るなか新たな大型台風が発生

未だに台風15号の爪痕が残るなか、新たな大型台風が発生した。台風19号だ。

気象庁は、この台風を「令和元年東日本台風」と命名。上陸した静岡県を筆頭に、関東甲信越、東北地方など広域にわたって被害を受けた。また、死者の数は100名を超えた。この数字は1979年に発生した台風20号以来の被害であった。さらには、台風としては初となる「激甚災害」「特定非常災害」に指定され、災害救助法が適用される地域は東日本大震災を上回る14都県390市区町村となった。

上陸直前の中心気圧は955ヘクトパスカル。素人が見ても非常に勢力が強い台風であるとわかるほどだ。

10月12日19時前、台風19号が伊豆半島に上陸。

台風の規模からしてみれば、伊豆半島から立川までの距離はさほど遠い距離とはいえないだろう。雨脚は時間を経過するごとに強くなり、駐屯地や隣接する昭和記念公園の木々は大きく揺れながら雨に打たれていた。

ニュース報道でも、各地で雨脚が強まっていることを強調しており、尋常ではないということが伝わってきた。とはいえ、時刻は20時を過ぎている。部隊は非常勤務態勢に移行したが、今は動くときではない。というより動けない。動いたとしても、二次被害に遭うだけだ。

日付が変わるか否かという時間帯になると、雨が収まった。ただし、風はいつもより強く吹いている。夜明けまで待つしかない。

そう思った私は、事務室の椅子に浅く腰をかけ、目深に帽子を被り目を閉じた。

翌朝、5時過ぎぐらいに目が覚めた。日の出前、空が明るくなってきた時間帯だ。

自衛隊はすでに各地の知事から災害派遣要請を受けていた。隊全体としては動いていたのだが、私がいた部隊がヘリコプターを飛ばすことはなかった。

クロノロの交替要員を務め、出番がないときは事務室で待機する。そんな時間を過ごしていると、ついに出動の指示が出た。ＣＨ－47チヌークのパイロットを連れての現場視察だ。

同行を願い出て了承を得ると、撮影機材を持って格納庫まで急いだ。まずはほかの駐屯地までＵＨ－１ヘリコプターで飛び、ＣＨ－47のパイロットを迎えに行く。

ここにチヌークは降りられるのか？ さまざまな制限もあるヘリ運用

ＣＨ－47のパイロットと合流したあとは、そのままＵＨ－１で土砂崩れの現場まで向かい、ＣＨ－47が降りられるのかどうかを上空から視察する。もし土砂崩れの現場近くにＣＨ－47を着陸させることができれば、救助活動を一気に加速させることができるため、この視察は非常に重要だ。

結果から言ってしまえば、その場所にＣＨ－47を降ろすことはできないと判断された。傾斜がありすぎて離着陸の際に危険な状態になる可能性が高いということだった。

いくら災害派遣とはいえ、救助に向かった隊員が遭難してしまったり事故を起こしてしまうのは本末転倒のまさに二次災害である。それこそ、阪神淡路大震災のときのように「自衛隊さん、なにしにきたんや？」という事態になってしまう。

ただし、それ以外に候補となる場所も探していた。

現場から近いというのはもちろんのこと、平坦である、電線がない、地上には飛散物となるような物が置いてない、自動車などが駐車されていない、といったことが条件として挙げられるだろう。

各自治体が発表している防災計画を見ると、CH－47を降ろすには100m四方のスペースが必要になると記載されている。実際に100m四方となると、かなりの面積である。それも最低でもこのスペースが欲しいという意味で、広ければ広いほど安全に離着陸できる。

そして、広さをクリアしている土地があったとしても、そもそも土地の所有者から承諾を得られなければ使用することはできない。そのため、個人所有と思われる敷地は基本的に候補には入らない。つまり、自治体や法人が所有している土地を借りる必要があるのだ。

これでピンと来た読者は災害派遣に詳しいといえる。

自衛隊が日頃から地元や協力団体との信頼関係を構築している背景には、いざというときにすぐに土地の利用に関して許諾を得られるようにするという理由もあるのだ。もちろんこれだけではないが、被災地に近い土地を借りることができるというのは、救援活動の拠点作りに必須条件となるため、疎かにすることはできない。

その一方で、やはり場所を借りやすいのは、学校や公民館、陸上競技場などである。これらの施設は上空からでも視認しやすく、ヘリコプターの離発着に影響を与える物も少ない。舗装された道路に面している施設ばかりなので、物資や人員を降ろしたあとの行動も容易だ。あまり知られていないが、こうしたヘリコプターの運用に適している土地は場外離発着場として指定されていたりする。その場所への定期的な離発着訓練も行われており、いつでも使うことができる環境を整えている。

孤立集落に救援物資をヘリ輸送 最終便で帰る予定が……

ＣＨ－47のパイロットを送り、立川駐屯地へと戻ると、次なる任務の話があった。それは、孤立集落への物資輸送だ。ニュースでも再三報道されていたのだが、奥多摩町の日原《にっぱら》地区につながる道路が崩落し、一時的に54世帯92名が孤立してしまったのだ。人の往来は可能であるが、車は走ることができないという。そこで、東京都からの依頼で、ＵＨ－１に物資を搭載して奥多摩町まで運ぶ任務が飛行隊に与えられたのだ。

派遣当日、東京都のトラックが駐屯地にやってきた。格納庫内でトラックの荷台から物資を降ろす。出てきたのは、当面の生活に必要な食料、燃料、発電機などだ。

こうした物資は自衛隊が運搬することが多いが、供給してくれる物はほとんどが自治体として備蓄している救援物資だったり、新たに調達した物だったりする。

物はあるが、自治体は配送手段が限られる。そこで登場するのが自衛隊だ。もちろん、自治体として保有している防災ヘリコプターもあるが、自衛隊が保有するヘリコプターの数と比較すると圧倒的に少ない。また、防災ヘリコプターはより優先度が高い人命救助などで使われることが多く、大量の物資を輸送できるほど機内のスペースに余裕があるわけでもない。そうなると、自衛隊のヘリコプターで運んだほうが何かと都合がいいのだ。

まず1回目の輸送先として選定されたのは、崩落した道路から奥に入った場所にある採石場の駐車場であった。この駐車場には飛散しそうな物はなかったが、すぐ隣に道路が走っていて、それに沿って電線が延びていた。敷地面積的に着陸できないことはないが、安全を考えると着陸しないほうがいいとの判断が下った。そのため、物資を大型のビニール土嚢に入れて、ホイストで降ろすことになった。

実際に現場に行くと、そこは三方が崖に囲まれているような場所であった。非常に狭く、本当にここでホイスト作業できるのだろうか。と心配になったほどだ。徐々に高度を下げていくUH−1。機長はテストパイロットの経験もあるベテラン操縦士だが、副操縦士はまだまだ若手と呼ばれるパイロットである。どちらが操縦していたのかは記憶にないが、機長がしきりに周りをよく見るように副操縦士に指示を出していたのは覚えている。ホイストできる高度まで降りると、パイロットは機体を安定させ、後部にドア開放の指示を出した。

「すごい！　こんなに狭い場所で安定してホバリングできるなんて！」

そんな語彙力を喪失した感想しか思いつかなかった。

実際に、地上を見てみると、大きなローターから発生するダウンウォッシュで地上のあらゆる物が

ヘリで運んだ救援物資を東京都の職員に引き渡す

揺れていた。電線、目の前の木や草、地上で待つ人たちも強烈なダウンウォッシュに耐えていた。

　まず、物資を降ろす前に地上に整備員たちが降りていく。私もそれに同行し、ホイストで地上まで降ろしてもらった。その後は、ホイストに荷物を引っ掛け、慎重にゆっくりと物資を降ろしていく。降ろした荷物は現地にいる都の職員に引き渡したのだが、そこに2名の自衛官がいた。彼らは無線機を背負っており、UH－1の着陸を誘導するために先行して現地入りしていたのである。

　物資を降ろし、再びホイストで引き上げてもらうと、UH－1はゆっくりと上昇を開始した。機内の窓から手を振ると、地上からも手を振り返してくれた。時間にして20分ほどだろうか。この間、高い集中力を維持してホバリングしていたパイロットには尊敬の念すら覚えた。

　実際に、地上に降り立ってわかったのだが、中型ヘリコプターとも呼ばれるUH－1であっても、とてつもないダウンウォッシュを発生させる。ましてや、三方が崖になっているような場所なので、風の動きも読みにくいだろう。

オートパイロットなどの機能がない完全アナログなUH－1は、パイロットの技量がモロに出る。それだからこそ、UH－1に乗りたいというパイロットも実は少なくない……。


その翌日、次は同じ場所に4機のUH－1がそれぞれ2往復し、東京都から預かった物資を運ぶのだという。計8回の輸送だが、仮にCH－47を使用することができれば、2回程度の輸送で済んでしまう量だろう。では、なぜCH－47を使わないのか。その大きな理由は離着陸場の環境である。

離着陸場として使わせてもらうのは、昨日運んだ駐車場の奥にある採石場である。採石場であるため周囲には採石が積まれており、CH－47が離着陸するには十分な場所がない。そこで、約30m四方あれば離着陸できるUH－1が選ばれたのだ。

今回は荷物が多いため、預かった荷物を分散させて空輸する。第1便となる機体に乗り込み現地まで到着すると、すでに東京都の職員や地元の消防、そして地元住民の姿があった。UH－1が着陸すると次々に物資が引き渡されていく。1機目の荷物を降ろし終わると次の便がすぐに到着した。これを何度も繰り返し、最終便の到着を待っていたのだが、急激に天候が悪化してきてしまった。

さすが山間部だ。天候が安定しているのは短時間のみで、あたりはどんよりとした厚い雲に覆われてしまい、飛行経路である谷の間も雲で視界がない。遥か遠くでUH－1のローターが空気を切り裂く音が聞こえるものの、接近してくる様子はない。

参ったぞ。この最終便に乗って帰るはずなのに、最終便が来ない。

しばらくすると聞こえていたUH－1の音は完全に聞こえなくなり、あたりは静寂に包まれた。

「さて、どうするかね」と言いながら電話を取り出す上級陸曹。

「とりあえず、帰ろうか」

いや、どこに帰るというのだろうか。迎えに来るはずのヘリはもういない。

「あーもしもし。そうそう、来れないんでしょ？　とりあえず、役場に行くから迎えに来てよ」

なるほど。町役場まで徒歩で前進して、そこで回収してもらうのか。なるほど。てっきり迷彩服姿で電車に乗って帰るのかと思っていた。

この場所から役場まで距離にして約7㎞。1時間ほど歩けば着く距離だ。そのとき、現地のみなさんから「乗っていきますか？」と声をかけていただいた。話を聞いていた方々が車を出して、我々を道路が崩れて通行止めになってる場所まで送ってくださるというのだ。

なんとありがたいことだろうか。お言葉に甘える形で車に分乗すると、通行止めとなっている場所まで送り届けてくださった。

「ここから先はあの車に乗ってください」

なんと！　崩落した場所を越えた先で、我々を役場まで送り届けてくれるほかの車を準備してくださっていたのだ。この方たちは神か仏か。

「どうぞ、どうぞ。お乗りください。行きましょう」

まったくもってありがたい限りである。特にお渡しできる記念品などは持ち合わせていなかったため、言葉での最大限のお礼をお伝えした。

町役場に到着し、職員の方に事情を説明すると待機するスペースとして会議室を貸していただいた。その約2時間後、迎えのトラックが到着したため、職員の方々にお礼を伝えて駐屯地へと向かって走り出した。

すっかり日も暮れて真っ暗になっていた。この日は長い一日であった。

翌日、終わることのないクロノロ入力が続いた。

てっきりもっとUH－1を飛ばすのかと思っていたが、統合任務部隊（JTF）が立ち上がったため、各都県ごとに空域を定めていたのだ。わが部隊が担当する東京都エリアにヘリコプターの需要はない。最も多くの需要があったのは千葉県だと記憶しているが、こちらは海自が担当となっている。茨城県は空自が担当だ。待機状態のまま日数だけが経過し、11月5日には災害派遣部隊の撤収要請を受け、すべての活動が終了した。

なお、後日談ではあるが、奥多摩町長が飛行隊長に支援物資の輸送に関するお礼を伝えるため表敬訪問してくださっていた。そのときにいただいた感謝状は、飛行隊の廊下に掲示されているはずである。

コラム⑪ 困難を極めるご遺体の搬送支援

大規模災害が発生した場合、多くの住民が被災者となる。負傷者だけではなく、ときには行方不明者やお亡くなりになる方もいる。特に長期にわたって行方不明だった被災者の生存は望めず、そのほとんどがご遺体となって発見される。

基本的に、ご遺体に対する処置は警察の担当となる。東日本大震災のように明らかな災害死であっても、それに事件性があるのか事故死なのかを検証する必要があるからだ。そのため、ご遺体を発見しても、その場に警察官がいなければ動かすことができず、警察官の到着を待って許可を得てからご遺体を搬送しなければならない。東日本大震災の津波被害があった地域の捜索では、ご遺体を発見すると近くに目印となる杭を打つといった方法を取っていた。

もちろん、地元の消防団や消防職員などもご遺体の捜索や収容作業を行うのだが、東日本大震災では2万人を超える方々がお亡くなりになられ、警察や消防関係者だけでは手が足りなかった。

そのため、陸上自衛隊は捜索活動によって発見したご遺体を収容し、車両に乗せたあと、ご遺体の安置場所まで移送する作業を行ったほか、火葬が間に合わないご遺体の仮埋葬を支援したりした。

戦闘組織である自衛隊だが、実際のご遺体に触れたり目の当たりにする機会はほぼないのが現実である。警察や消防であれば、さまざまな場面でご遺体を接する機会があるだろうが、普段の訓練のなかでご遺体と対峙する経験はほぼない。災害現場で多くのご遺体を見た自衛官が、メンタル面でのダメージを受けてしまうことも多い。

東日本大震災では隊員のメンタルヘルス対応を強化していたため、表向きには公表されていないが、今となって「あのときはつらかった」という話をしてくれる隊員も少なくない。しかし、それは当然のことである。日本国民の生命と財産を守る自衛隊の使命を自覚している自衛官にとって、目の前で亡くなった国民を見ることほどつらいものはないだろう。ましてや、地元が被災した隊員や、親族が被災してしまった隊員のつらさは計り知れない。派遣されてきた自分たちだけは強い気持ちを持ち続けないといけないという使命感で作業にあたっていた隊員も多いと聞く。

しかし、何度も言うが、災害によって亡くなられた方に対して、自衛隊ができることはほぼない。東京都の資料には、陸上自衛隊は「都の要請に基づき、行方不明者等の救助・救出を実施、救助・救出活動に伴い発見した遺体を関係機関へ引き継ぐ」とある。医療従事者でもない一般的な自衛官ができることは、この程度である。むしろ、自衛隊に求められていることは、大人数の捜索で迅速に被災者を救助すること、と割り切ったほうがいいだろう。

熱海市伊豆山土石流の災害派遣で、ご遺体に向かって黙禱を捧げる隊員たち

コラム⑫ 運べ！ 運べ！ 人員と物資輸送

災害が発生したとき、その規模が大きければ大きいほど物流を支える輸送網、つまり道路が破壊される。道路が破壊されるということは、人と物の行き来ができなくなるため、あっという間に被災地は孤立状態になる。

孤立した地域には負傷者や妊婦さんなどがいる可能性もある。すぐに対処しなければ命に係わる病人もいるだろう。

そうなった場合に活躍するのがヘリコプターだ。

陸上自衛隊は約300機のヘリコプターを運用している。このなかで人員や物資の輸送に使えるヘリコプターは約200機だ。この200機がすべて同時に運用できるわけではないが、約30％にあたる60機を同時に運用できると考えれば、それでも十分な数である。

とはいえ、被災地に全力投入するのは現実的ではなく、実際には災害対策本部でヘリコプター運用のニーズがあれば、それに応えるというスタイルで運用される。

最も数が多く、全国に配備されているヘリコプターがUH－1Jだ。

原型はベトナム戦争で活躍したUH－1ヘリコプターで、陸自が保有しているUH－1Jは日本独自の改良を加えたオリジナルバージョンになる。一部を除く師団や旅団の飛行隊が運用している。機内には限定されるものの物資や人員を運ぶことができるスペースが備わっており、機体数が多いため柔軟な運用が可能だ。

それよりも大型で、陸自が持つ最大の輸送へリコプターになるのがCH－47J／JAだ。「チヌーク」という愛称で親しまれており、前後に配置された大型タンデムローターが外観状の特徴である。車両を機内に搭載できるほか、機体下部にあるフックを使っての物資輸送も可能で、山林火災時にはこのフックに消火用のバケットを吊り下げ消火活動を行う。

山林火災などで使用されるこのバケットは、都道府県の持ち物となり、自衛隊側が管理し使用しているものだ。

たとえば、東京都の山林火災で神奈川県から預かっているバケットを使うことはできない。神奈川県に対して、東京都で発生した山林火災のためにバケットを使って良いかお伺いを立てる必要があるという。

東京都から貸与されている水嚢。他県で使用するには事前の許可が必要だ

第7章

熱海市伊豆山土石流

2021（令和3）年7月3日10時30分頃

熱海市伊豆山土石流・災害概要

２０２１（令和３）年７月３日10時30分頃、静岡県熱海市伊豆山地区で発生した大規模な土砂災害。死者28名、最大約２万３０００名が避難した。

被害が拡大した原因は、７月の観測史上最多となる降雨によって、上流部に造成された違法盛土が流出したことである。熱海市は土石流が発生した直後に、市内の約２万世帯、約３万人に対して「緊急安全確保」を発令。急勾配の斜面が多い熱海市のほぼ全域に避難勧告が出たことになる。

流れ出た大量の土砂の影響によって、現場の捜索活動は困難を極めた。また、別荘地でもあったため、その家屋に居住している住民がいたのかどうかの確認も必要であり、捜索活動をより複雑にさせている。

静岡県知事は同日12時30分に、陸上自衛隊に災害派遣を

大量の土砂に押しつぶされた家屋。発災間もないときで、メレンゲ状の泥が溜まっていた

熱海市伊豆山土石流 DATE

■発生状況

2021年７月３日

発生場所　静岡県熱海市伊豆山地区

土砂の流出距離　約２km

被災範囲　距離約１km、最大幅約120ｍ

■被害状況

死者　28名

行方不明者　０名

重軽傷者　４名

全壊家屋　53棟

半壊家屋　19棟

停電　最大2830戸

断水　最大1074戸

避難者　最大約２万3000名

■自衛隊の派遣規模（特記除く延べ数）

派遣人員数　約9300名

災害救助犬　５頭（最大）

航空機　２機（最大）

全天候ドローン　７機（最大）

重機　16両（最大）

熱海市伊豆山土石流による崩壊地分布図

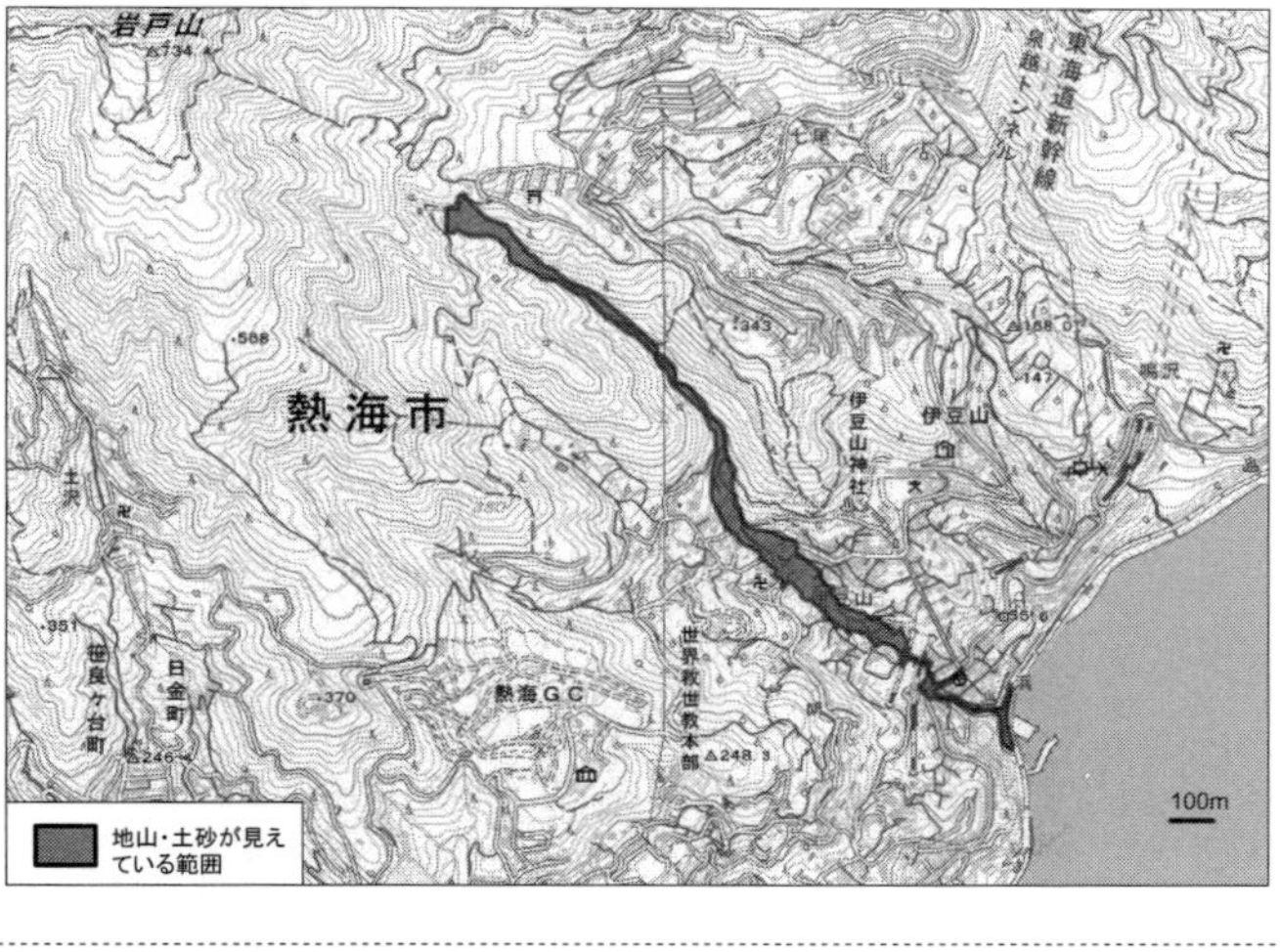

要請。約100名の隊員が熱海市へと急行した。

自衛隊のほか、北は宮城県、西は兵庫県など16の地域から県警広域緊急援助隊が駆けつけ、消防も11の緊急消防援助隊が到着。現場に集合した警察・消防・自衛隊などの救助チームは、手分けして捜索を開始。時折発せられる警戒情報で作業は中断するものの、懸命の捜索活動を継続した。

自衛隊の活動

発災当初から人命救助活動及び行方不明者の捜索を24時間態勢で実施。同日12時30分に、静岡県知事から災害派遣要請を受けた第34普通科連隊を筆頭に、第1戦車大隊などが人命救助活動のための災害派遣活動を開始した。

防衛省は発災から2日後には、陸空自衛隊の隊員約430名態勢を構築。人命救助活動のほか、道路啓開、ドローンを用いた監視活動などを行った。7月31日、静岡県知事からの撤収要請を受け、災害派遣活動を終了している。

1t以上もある自動車が軽々と押し流されて潰れている。自然が牙を剥いたとき、人間はあまりにも無力だ

1階が土砂と瓦礫で埋まって逃げられなくなった住民が2階の部屋から救助を求める

災害派遣取材記

泥濘のなか二次災害の危機

熱海で災害発生
現場にたどり着けるのか

2021年7月3日のお昼前、SNSで信じられない映像を見た。猛烈な土砂崩れだった。凄まじいパワーを持った土砂が次々と家屋をなぎ倒す。まるでパニック映画のワンシーンのような光景が、SNSの画面で流れ続けた。

「どこなんだろうか」

そう思っていると、「熱海」というキーワードが出てきた。なんてことだ。私の住む御殿場のすぐ近くではないか。すぐさま近傍駐屯地の広報に連絡すると、「もうすぐ出動します」とのこと。であれば、私も行こう。そう決めるとすぐにカメラを準備した。

カメラ以外にもレインコートや着替えなども持った。そこまで長居するつもりはないが、本格的な救助作業が開始されるのは明日になるだろう。なんとなくの感覚でそう感じていた。近くのコンビニでとりあえず2日分の食事と飲み物を調達すると、熱海市に向けて出発した。

泥濘地での活動のため、ゴム胴長を準備する隊員。標準装備化されたものの一つ

熱海といえば温泉街で有名だ。その一方で、山側の斜面は急で、行ける道も限られている。果たして現場にたどり着けるのだろうか。どうなるかはわからないが、行ってみるしかない。

濁流に飲み込まれた現場　徒歩で斜面を登る

雨脚は弱まってきているものの、依然として雨が降り続いている。伊豆を抜ける道は両サイドが切り立った崖である場所も多く、どこかで通行止めになっていてもおかしくない環境であった。しかし、現場に近づくものの、特に変わった様子はない。おかしい。現場はどこだ？

車で進もうとしても、狭い場所が多く思うように進めないため、一度熱海駅の近くのコインパーキングに車を停め、国道135号を歩いた。

すると、土砂崩れの現場にたどり着くことができた。そこで見た光景は言葉では表現できないほど凄惨な光景だった。非常に狭い範囲ではあるが、勢いがある濁流がすべてをなぎ倒していて、大量の木材を含む土砂が流れ込んでいた。

警察官が取り残された住民とコンタクトを取っている。どうやら、1階部分が土砂で埋もれて脱出できないらしい。ようやく現場を特定した私は、スマホの地図アプリで上流への道を探していた。歩いていこう。そう考え急な斜面の道を登っていく。

地形をよく見ると、土砂が流れた場所は低く谷になっている。低い場所に行かないように、地形をよく見ながら登っていった。息を切らせながら登っていくと、報道陣と自衛官の姿が目に入った。ここが自衛隊の活動現場なのだろう。

カメラを取り出し撮影に入ると、テレビクルーは中継を開始していた。その前にいる自衛官は胸元にウェアラブルカメラを取り付け、周囲の様子を映し出している。話を聞くと、首相官邸や市ヶ谷（防衛省）などに映像を中継しているのだという。専用の装置を背負っており、そこから無線で送信しているそうだ。

そうこうしているうちに、日が暮れてあたりは薄暗くなってきた。二次災害の可能性もあるため、引き上げたほうがいいだろう。車まで戻りメールをチェックすると、自衛隊の拠点となっている場所を知らせる連絡が入っていた。

その場所まで移動してみると、明日の活動のための準備をしている部隊がいた。事情を説明してお邪魔すると、公園の東屋で地図を広げて必要な情報を集約している姿があった。

明日の作業開始は日の出からだという。

すっかり暗くなったが、遠方からの支援部隊も続々と到着しており、警察や消防の救助隊も到着し始めた。

まずは休もう。そう思い、車の中に入ると、食事をするのも忘れて眠ってしまった。

二次災害の危険性あり 緊張の取材

翌日のこと。まだ辺りが薄暗いうちから部隊は動き出していた。霧に包まれる公園を次から次へとトラックが出発していく。その車列に加わり現場近くまで行くと、途中で発見したコインパーキングに車を停める。そこからは歩きだ。下手に車を進入させて迷惑になってもいけない。必要な物だけ車から取り出し、そこから現場まで歩みを進めていった。

途中、報道機関のカメラマンと合流したため、二人で現場まで歩いていく。二人とも目的地は同じだ。もしかしたら、途中で規制線が張られて進めないかもしれない。そう思いながら歩いていたが、特に規制線はなく現場まで到着することができた。

そこにはすでに出発のための準備を進めている自衛隊の部隊が展開しており、先に到着していた複数社の報道カメラマンも撮影を開始していた。それに混じって撮影を開始したが、周囲は泥に埋まり非常に危険な状態であった。

水分を多く含んだ泥はメレンゲのような柔らかさで、雨脚が強まれば再び流れ出すだろう。そんな状態でも、自衛官たちは次々に泥の中に足を踏み入れ、行方不明者の捜索活動を開始した。

彼らは災害派遣に従事している自衛官である。つまり、法的にさまざまな面で守られているが、私は民間人である。こうした災害現場でも法を遵守する必要がある。

たとえば、他人の敷地内への侵入だ。

実際に、今回の災害では通信社のカメラマンが「住居侵入容疑」で書類送検されている。こうしたことが起きないように、撮影する際には公道からの撮影に徹した。土地の境目が曖昧な場所には極力入らないようにし、疑われるような動きは謹んで行動していた。

また、あまり奥へは入らないようにもしていた。天気は崩れ気味で、回復する兆しはなかった。常に緊張感を持ち撮影していたのだが、その場にいた全員に対してエリアメールが一斉に配信された。

「二次災害の危険性あり」

どうやら、山の上部で雨が降り、再び土砂が流れる危険性が高まっているということだ。この通知を受けた警察・消防・自衛隊はいったん全員が安全な場所へと避難を開始した。

瓦礫をどかしながら懸命に行方不明者を捜索する

住民の安否を確認する自衛官に、やむを得ず取り残されたペットが助けを求める

しばらく経ち、安全が確認されると、再び行方不明者の捜索に取り掛かる。これ以上の滞在は危険であると判断し、付き添ってくれた自衛隊の広報担当にお礼を言って現場を離れた。

不思議なもので、少しでも現場を離れると、そこには日常が繰り広げられていた。

それが、今回の災害が局所的な範囲で発生していることを物語っていた。

夜には災害対策本部で会議が行われると聞きつけたため、熱海市役所へと向かった。

ドロドロになった靴を車内で履き替えてから建物内に入ると、そこには多くの報道陣と自治体や救助関係者が詰めかける会議室があった。ここが災害対策本部なのである。

会議の冒頭までは撮影することができたが、それ以降はクローズ状態となった。

今回の取材はここまでであろう。今の私にできることは何もない。ただ、これだけの人たちが発災当初から懸命に活動したということを記録し、後世に残すだけである。

コラム13 火山噴火観測

近年の火山災害において規模が大きかったのは、1991（平成3）年の雲仙岳、そして2014（平成26）年の御嶽山噴火だ。

雲仙岳では行方不明者を含む43名が犠牲になり、御嶽山では行方不明者を含む63名が犠牲となった。これらの噴火災害の前では、人間の力は何も及ばず、ただ避難し身を守ることしかできない。

とはいえ、このような被災現場に近寄れない火山災害においても、自衛隊が持っている装備品は活用される。

たとえば、装甲車は噴石からのダメージをほぼ受けないため、乗員の安全を確保することができる。実際に、雲仙岳や御嶽山の噴火では、複数の装甲車が現地に派遣されている。

そして、もう一つの特筆すべき装備が監視・捜索カメラだ。

自衛隊だけが持っているワケではなく、海上保安庁や警察も保有しているが、自衛隊の持つカメラの数は桁違いに多い。これらのカメラは可視光、赤外線、熱源とあらゆるパターンで撮影することが可能だ。

このいずれもが火山の監視に役立ち、雲仙岳の噴火の際には、九州大学の支援を受けつつ24時間態勢で火山を監視することで、民生の安定と災害復旧、そして国内の火山研究に対して大きく貢献した。

この雲仙岳の火山観測は長く続き、1653日間という史上最長の災害派遣として記録されている。

コラム 14

今も残る戦争の影　不発弾処理

第二次世界大戦の末期となる1944（昭和19）年11月、連合軍の主力であるアメリカ軍による日本本土への空襲が本格化した。最終的には史上初となる原子爆弾の投下にまで至るのだが、それまでの間に約200以上の都市が空襲に遭い、被災人口は約950万人にも及んだという。

この本土空襲での投下爆弾は約15万tになるが、かなりの不発弾が混じっており、今でも年間40tから50t近くの不発弾が発見され処分されている。

不発弾の多くは土地の改良や大規模工事に伴う掘削中に発見されることが多い。発見者から警察に不発弾発生の一報が入ると、警察は自衛隊の不発弾処理隊に連絡を入れる。

不発弾処理隊が現場に進出すると、まずはその不発弾の危険性を識別し判断する。危険性が低いと判断されれば警察によって一時保管され、その後、不発弾処理隊が回収し処理をする。

その一方で、危険性が高いと判断され、なおかつ移動するのが困難な場合は、市街地の真ん中であっても、その場で処理される。爆破処理するのが困難な場合は、爆弾を爆発させるための信管を抜き取る作業を行う。

この爆破処理や信管抜き取り作業は、不発弾が発見された自治体との調整によって日時や役割分担などの協定を締結してから行われる。これは、万が一の事故の際に、責任の所在を明確化するためのものだ。

処理決定日までに、不発弾の周りには大量の大型土嚢が積まれ、処理中に爆発しても被害を最低限に抑えられるようにする。そして、必要最小限の処理隊員のみが処理壕の中に入り、内部で爆破処理の準備をしたり、信管抜き取り作業を行うのだ。

　無事に爆破処理が終われば撤収するだけだが、信管の抜き取り作業だけの場合もある。そのときは、作業が終わると、信管と爆弾は分離した状態で保管され、不発弾処理隊が運搬して回収する。この作業において現地処理できず回収・集積された不発弾は、毎年決まった時期に硫黄島沖などまで運ばれ、海中において爆破処理されている。

2015（平成27）年5月9日、大阪府の日本橋で発見された不発弾を処理する桂駐屯地第103不発弾処理隊の隊員。不発弾は処理壕の中で信管を抜き取られ、移送された

あとがき

数ある災害関連本のなかから本書を手にしてくれたすべての読者様に、心から感謝いたします。たった一人の自衛官が災害発生時から派遣終了まで、何を見て何をどう感じてきたのか。当時の記憶を思い出しつつ、極力克明に記載いたしました。

なかには不適切な表現もあったかもしれませんが、これがリアルな現場です。どうかご理解いただきたいと思います。

災害現場に派遣される自衛官は、まるでスーパーヒーローのように見えるかもしれませんが、中身は普通のお兄ちゃんお姉ちゃんたちです。同年代の人たちと考えていることはあまり変わりません。唯一の違うところといえば、特別職国家公務員である自衛官の身分を持っている、ということくらいです。

もし、被災地で活動している自衛官を見かけたら「ありがとう」と一言伝えてあげてください。彼らはその一言があれば頑張れます。差し入れなどは不要です。何かをいただいてしまうと、上官に報告せねばならず、みんなに配分しようとしても数が足りないと手が出せない、そんな健気な若者なのです。温かい言葉だけかけてあげてください。

これから自衛官を目指す若者のなかには、災害派遣で活躍したいと考えて入隊する方が多いと聞きます。

しかし、災害はいつ発生するかわかりません。あなたが所属した部隊は出動しないかもしれません。所属する部隊が出動しても、あなたは留守番かもしれません。それでもガッカリしないでください。あなたが入隊し留守番をしてくれることで、派遣された隊員は全力で災害に対応できます。

入隊後に派遣されなくても落胆しないでください。災害は発生しないほうがいいのです。

そして、服務の宣誓を終えて自衛官になったら、主任務である国防を忘れないでください。

自衛官の任務は、日本の平和と独立、そして国民の生命と財産を守ることです。

災害派遣は自衛隊の従たる任務です。主任務と従たる任務を合わせて「本来任務」と呼びますが、ややこしいですね。表現は難しいですが、自衛官の任務は実力組織として外敵から日本を守ることです。つまり、国防がメインなのです。これだけは忘れないでください。

最後に、本書を出版するにあたって編集を担当してくださったイカロス出版の鈴木達也さんに心から感謝いたします。

２０２５年2月

武若雅哉

武若雅哉（たけわか・まさや）

神奈川県出身。約10年間の陸上自衛官生活を経てカメラマンへと転身。2025年現在は、日中に撮影や執筆活動をする傍ら、夜はバーの経営を行う。引っ越しと同時に迎え入れたボーダーコリーを溺愛中。

編集＝鈴木達也（イカロス出版）
カバー・本文DTP、編集協力＝藤田晋也

元自衛官が語る
災害派遣のリアル

2025年3月10日　初版第1刷発行

著　者　武若雅哉

発行人　山手章弘

発行所　イカロス出版株式会社
〒101-0051
東京都千代田区神田神保町1丁目105番地
contact@ikaros.jp（内容に関するお問合せ先）
sales@ikaros.co.jp（乱丁・落丁、書店・取次様からのお問合せ先）

印刷・製本　株式会社シナノパブリッシングプレス

乱丁・落丁はお取り替えいたします。

定価はカバーに表示してあります。

Printed in Japan　ISBN 978-4-8022-1580-0